浙江省社科规划课题成果(科普读物)

课题编号:24KPDW04YB

品宋

天开图画在皇城

姜青青 著

浙江摄影出版社

全国百佳图书出版单位

责任编辑：刘　波
装帧设计：李腾月
责任校对：王君美
责任印制：汪立峰

图书在版编目（ＣＩＰ）数据

天开图画在皇城 / 姜青青著 . -- 杭州：浙江摄影
出版社，2023.10
　（品宋）
　ISBN 978-7-5514-4675-4

Ⅰ.①天⋯ Ⅱ.①姜⋯ Ⅲ.①宫殿 – 介绍 – 中国 – 宋
代 Ⅳ.① K878.3

中国国家版本馆 CIP 数据核字 (2023) 第 166231 号

天开图画在皇城

TIAN KAI TUHUA ZAI HUANGCHENG

姜青青　著

总策划：浙江大春传媒有限公司
出品：杭州紫金港文化传播有限公司
统筹执行：南宋书房
全国百佳图书出版单位
浙江摄影出版社出版发行
地址：杭州市体育场路 347 号
邮编：310006
网址：www.photo.zjcb.com
制版：壹品设计工作室
印刷：浙江全能工艺美术印刷有限公司
开本：710mm × 1000mm　1/16
印张：17.75
2023 年 10 月第 1 版　　2023 年 10 月第 1 次印刷
ISBN 978-7-5514-4675-4
定价：168.00 元

图 0-01 断桥边石函路上的"天阃（开）图画"摩崖石刻。
姜青青 摄

序 言

断桥驿外，石函路上。

冬至将至，叶落归根。

西斜的阳光透过黄褐色的梧桐叶，投射在一块巨大的岩石上，生成了些许斑驳的效果，仿佛想在最后的余晖中，再吸引一下路人对这处摩崖石刻的关注。

像很多路经此地的人一样，此时此刻我也被这岩壁上的四个篆书大字给吸引住了：天阃图画。光绪乙酉冬月，平湖王成瑞题（图0-01）。光绪乙酉即光绪十一年（1885），近代史上中国在"中法之战"中罕见地雄起了一把；浙江平湖人王成瑞，字云卿，好收藏，精篆刻。难怪这四字写刻如此精到！

"阃"取"开"之意，天开图画，是说西湖景致"虽由人作，宛自天开"。这当然是领悟了西湖"天人合一"的精妙所在而作出的形容与点评。恰好我这几天在撰写"品宋书系"

中有关南宋皇城的书，满脑子都在想这书名怎么取才好，现在邂逅这四字，忽然想起宋人周密《武林旧事》中曾说起，南宋皇城临近钱塘江的东南角，有个帝后观看江潮胜景的地方，就叫"天开图画"。[1] 当年南宋皇城立足凤凰山下，凭借杭州优美的自然山川条件，被营建成一座具有江南山水园林特色的宫殿。"天开图画"不也是对这座史上少有的园林式宫殿的一种评价吗？

南宋皇城当得起这等评语！好，我这书名就取用这四字了，《天开图画在皇城》由此而来。

王成瑞那年在这堵石壁上写下这四个篆字，不承想一百三十六年后，同样是在岁末冬月之时，我能与这"天开图画"四字相逢，并将之用在书名中，也是一种难得的缘分。

由此，借本书的出版，向当年在此题字的王成瑞，致以谢忱！

姜青青

2023 年 3 月

[1] [宋] 周密：《武林旧事》卷三《观潮》："禁中例，观潮于天开图画。高台下瞰，如在指掌。都民遥瞻黄伞、雉扇于九霄之上，真若箫台、蓬岛也。"杭州出版社 2004 年出版。

目　录

第一章
南宋"陈导"带你"皇城一日游"

一、"金牌导游"的出身

这位南宋"陈导"的真名叫陈世崇（号随隐），此人不可小觑！因为他能带我们"导览"整个南宋皇城。

他是临川（今江西抚州）人，原本平头百姓一个，毫无功名，却因缘际会，"早九晚五"地在皇城里上班了，时不时要在宫内四处走走看看。而且他可能还是最接近皇帝的人。

南宋景定四年（1263）冬，老官家赵昀（庙号理宗）带着太子赵禥（庙号度宗）来到慈云岭下的郊坛祭天。这次祭天的场面有些特别：大典中，赵禥第一次站在了原本只有皇帝行礼的献祭台上——这就意味着对天宣告：太子赵禥就是未来的天子。

1

　　祭天现场中，兼任老官家赵昀和太子赵禥的写作老师（充缉熙殿应制和东宫讲堂掌书兼撰述）陈郁，觉得这是一桩大事，便指导儿子陈世崇为太子祭天写了十首贺诗，然后又转手将这些诗呈给老官家看，结果大得赏识。老官家一高兴，当场就授予陈世崇东宫掌书、兼椒殿掌笺等官职，名义上是替太子以及后宫嫔妃掌管文书，其实就是太子的陪读和贴身侍从。于是，毫无官职的陈世崇转眼间一步登天，成了出入宫廷上下班的牛人，而且因为有文才，很快就成了赵禥的"臂膀"和"笔杆子"。而这年，陈世崇才十八岁。（图1-01）

图 1-01 南宋马和之《周颂·清庙之什图》中的郊坛祭天场景。
辽宁省博物馆藏

咸淳元年（1265），赵禥正式即位执政，打赏了一批他想感恩的人。而对陈世崇，他御批授官承信郎、皇城司检法。皇城司的职责极为重要，是掌管皇宫内外门禁锁钥、禁卫轮值、宫人进出和情报收集的宫廷机构。其中检法一职，负责检查宫中各项法度在一切人事活动中的执行情况，宫中里里外外，无论前朝与后宫，他都得时不时地前往巡察，所以这个小官非同寻常。可以想见，在皇城司上班的人非亲即贵，一般人门儿都没有。赵禥对陈世崇的倚重也由此可见一斑。

那为什么说他是南宋皇城的"金牌导游"呢？这要从南宋的灭亡说起。

德祐二年（1276）南宋京城临安被元军占领，南宋王朝走向灭亡。

元军统帅伯颜离开临安北返时，卷走了皇宫中的卤簿仪仗、档案图册、文物珍宝、图书字画，掳走了赵氏帝后、嫔妃宫女、皇亲国戚、朝中官员、三学学生和工匠乐师。

但不管怎么说，临安城是被元军"和平"占领的，城市和宫殿的建筑并未受到战争破坏。可是，南宋故宫还是没能保全下来。

临安城陷落后的第二年，是为元朝忽必烈至元十四年（1277）。此时的南宋皇城已空无一人，四处宫门均被锁闭。但有一天，紧挨皇城的坊间忽然失火，四下乱飞的火星竟然点着了皇城内的宫室。于是，大火连环相接，猛烈延烧，整个皇城顷刻化为灰烬。❶

二、元版"盗墓笔记"

但南宋皇城的"悲剧"还没有完。

至元二十一年（1284），时任元朝江南释教都总统的杨琏真加在得到元世祖忽必烈的许可后，在南宋故宫原址兴建五座寺院。具体是在垂拱殿基址上建报国寺，延和殿基址上建小仙林寺，福宁殿基址上建兴元寺，和宁门基址上建大般若寺，芙蓉阁基址上建尊胜寺。而各寺所用铜钟，都是宋宫的原物。

第二年即至元二十二年（1285），一幕疯狂、残忍、肮脏、可怖的元版"盗墓笔记"上演了——

在两名汉族僧人福闻和允泽的怂恿下，杨琏真加等人赶

❶ ［明］徐一夔：《始丰稿校注》（徐永恩校注）卷一〇《宋行宫考》。浙江古籍出版社2008年出版。"后十年"实际时间应是至元二十一年（1284）。

4

图 1-02 唐人释玄应《一切经音义》扉画局部，下左二"总统永福大师"即杨琏真加。元杭州路余杭大普宁寺刻大藏本。
国家图书馆藏

到绍兴盗挖宋帝六陵，大肆掠取墓中随葬的奇珍异宝。因见理宗赵昀的头颅比常人硕大，杨琏真加便截取作为饮器。此种极为邪诡、恐怖、恶心的勾当，这个来自西域的僧人做来全无半点顾忌，留下了一场盗墓史上最为骇人听闻、声名狼藉的恶行。（图 1-02）

然而，这只是这本"盗墓笔记"的上篇，其下篇又转场回到了杭州。

将宋帝诸陵的随葬品劫掠一空后，杨琏真加将所收得的南宋帝后残骸，[●]运回杭州，杂以牛马骨头，一并埋在馒头山芙蓉阁基址上新建的尊胜寺附近。埋骨之地上再建一塔，名"尊胜塔"。此塔高达二十丈，塔身涂饰垩土，远望白色如雪，所以民间又称作"白塔"。整座塔形犹如瓶壶，类似甘肃张掖建于西夏皇家寺院大佛寺内的元代"土塔"，属于藏传佛教的塔式，因而白塔又有"一瓶塔"之称。

杨琏真加最初还想用藏于南宋太学的宋高宗御书《九经》石刻，作为白塔的塔基石材，却因遭到汉人官员申屠致远的强力反对而作罢。杨琏真加转而收罗尚存的宋宫建筑中的雕花石板和龙凤石刻构件，加上南宋进士题名碑等，横七竖八统统用作白塔的基础。（图 1-03）

凡此种种做法，使得此塔又得了一个"镇南塔"的名号，意思就是镇住南宋"王气"，让你永世不得翻身。

南宋皇城这座赓续营建长达一百多年、中国历史上罕见的山水园林式宫殿，就这样或烧、或拆、或埋，被彻底摧毁了。

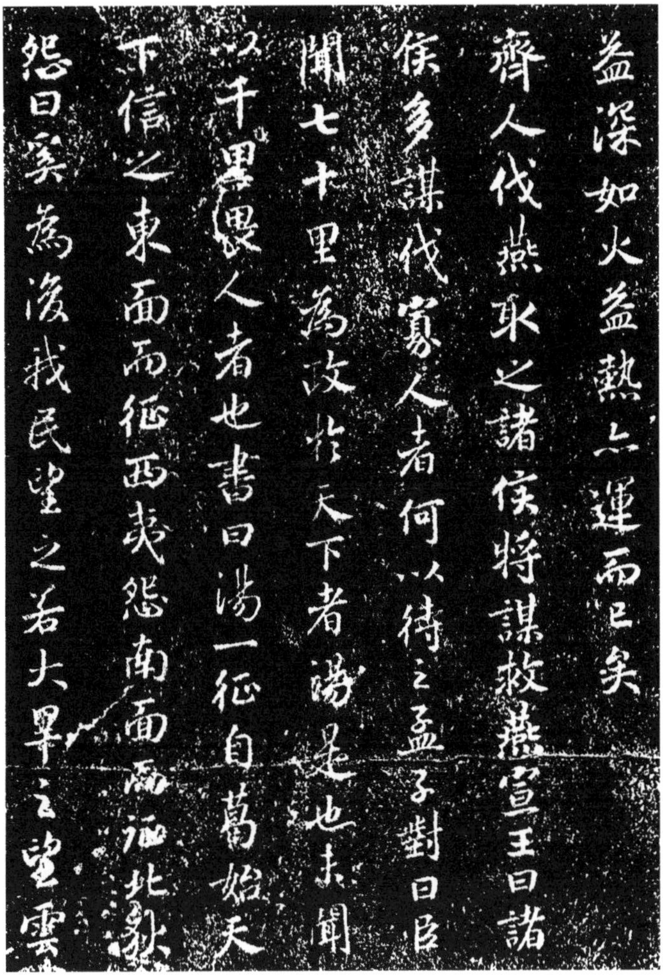

图 1-03　宋高宗御书《石经·孟子》局部。杭州孔庙藏

三、走马观花皇城宫苑

南宋皇城被毁的消息传到彼时身居临川老家的陈世崇那里，他百感交集。曾经的人生梦幻、九天宫阙，忽然烟消云散，

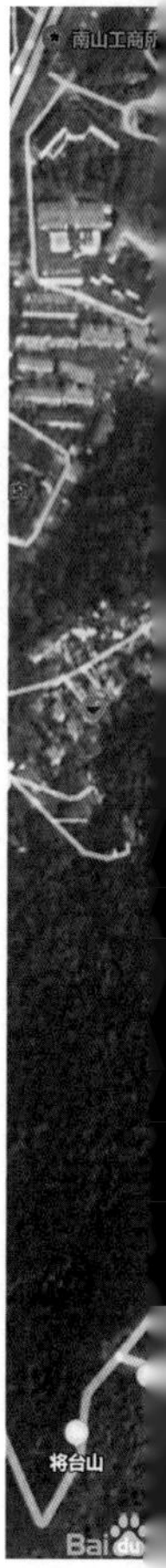

图 1-04 陈世崇"导游"路线示意图。
底图：百度地图凤凰山东麓南宋皇城遗址区

连个残渣都不剩。他痛惜万分，想把这过眼云烟抓住，哪怕还有一丝一缕的存在。他研磨铺纸，写下了一篇《南渡行宫记》[1]（也称《行宫记》）。如此篇名，表现出陈世崇一直梦寐以求恢复全盛时期的大宋。

更重要的是，南宋皇城这座曾经无比辉煌壮丽的宫苑的整体形象，通过《南渡行宫记》的记录，前所未有地清晰起来。后人凭借陈世崇的"导览"，寻找打开南宋皇城这扇历史大门的"钥匙"，已触手可及。今天，我们品读宋文化的意韵，解读南宋皇城的殿宇楼台，这也是唯一一份比较全面、确切、具体的珍贵文献。现在，就让我们随着陈世崇的"讲述"，开始"南宋皇城一日游"的旅程：

> 杭州治，旧钱塘官也。绍兴因以为行宫。皇城九里。入和宁门，左进奏院、玉堂，右中殿、外库。至北宫门，循廊左序，巨珰幕次，列如鱼贯。祥曦殿朵殿接修廊，为后殿，对以御酒库、御药院、慈元殿外库、内侍省、内东门司、大内都巡检司、御厨、天章等阁，廊回路转，众班排列。又转内藏库，对军器库，又转便门……

[1] ［宋］陈世崇：《随隐漫录》附录。中华书局 2010 年出版。

　　"皇城一日游"的第一站是皇城正北门和宁门，在今天杭州万松岭路接近中山南路处。皇城周长九里，这也是南宋官方认可和公布的临安皇城的占地面积。"陈导"一边在总体上介绍了南宋皇城的来由和占地规模，一边带我们由和宁门踏进皇城大内。（图1-04）宫门开处，眼前所见是和宁门和北宫门之间各类殿宇的具体位置：第一进院落东边是传递各地官员上报信息的进奏院和为官家起草诏书的翰林学士院（玉堂），西边是中殿和外库。向南前行可到北宫门，循着向东的长廊，可见一长排鱼贯而列的内侍房屋。长廊的另一头，连接着属于后殿的祥曦殿和朵殿，于此相对的有御酒库、御药院、慈元殿外库、内侍省、内东门司、大内都巡检司、御厨、天章阁等等殿宇房屋。沿着长廊一路曲曲弯弯转过去,沿途可见排列整齐的禁军营房。然后又可转到内藏库,以及与此相对的军器库,再转过去就是宫内便门了。

> 垂拱殿,五间十二架,修六丈,广八丈四尺。檐屋三间,修广各丈五。朵殿四,两廊各二十间。殿门三间内,龙墀折槛。殿后拥舍七间,为延和殿。右便门通后殿。殿左一殿,随时易名,明堂郊祀曰端诚,策士唱名曰集英,宴对奉使曰崇德,武举及军班授官曰讲武。

向南入北宫门就来到了外朝区,"陈导"在此介绍了两座宫殿——垂拱殿和延和殿。五间十二架宽的垂拱殿,宽八丈四尺,进深六丈。它的正殿南侧又有檐屋三间,长宽各一丈五尺,两边各有一座两开间的朵殿,朵殿两侧相连的左右两条长廊,各有二十间房舍。垂拱殿三开间的殿门内,是红色台阶以及殿前栏杆"折槛"。它的背后连着的七开间后殿,就是延和殿,可从西侧"右便门"进到后殿。垂拱殿东边还有一大殿,它因不同需要而随时改名,举行明堂郊祀大典时称"端诚殿"，殿试和皇帝召见新科进士时名"集英殿"，宴请友邦使者时叫"文德殿"，武举殿试以及任命各军营武官时挂匾"讲武殿"。

这里"陈导"介绍的垂拱殿和文德殿是南宋皇城最重要的两座大殿。但请注意了，或许是时隔多年的回忆，这段"导游词"也有不确切的地方，譬如把"文德殿"说成了"崇德殿"，还遗漏了官家庆生大宴时才上挂的"紫宸殿"匾额。

> 东宫在丽正门内、南宫门外、本宫会议所之侧。入门，垂杨夹道，间芙蓉，环朱栏，二里至外宫门。节堂后为财帛、生料二库，环以官属直舍，转外察子。入内宫门，廊右为赞导"春坊"直舍，左讲堂七楹，扁"新益"。外为讲官直舍。正殿向明，左圣堂，右祠堂，后凝华殿、瞻蓂堂，环以竹。左寝室，右斋，安位内人直舍百二十楹。左彝斋，太子赐号也……

跟着"陈导"脚步走过外朝区后，再向南就到了皇城东南角的太子东宫。具体说，东宫位于皇城南门丽正门和外朝南宫门之间、本宫会议所的东侧。进入东宫后，一路两侧都是

11

杨柳，以及朱栏环护的一丛丛芙蓉花，至外宫门之间，整个占地规模约为二里。节堂之后是财帛库和生料库，四周又有东宫官属值班房舍，并可转到瓷器房——看来东宫确实像个存储宝物的地方。进入东宫内宫门，长廊西侧是宫内赞导官员的值班房"春坊"，东侧是拥有七间屋子的讲堂，即"新益堂"，太子平时上课读书就在这里了。讲堂外是讲学官员的值班房。东宫正殿坐北向南，东有圣堂，西有祠堂，后有凝华殿、瞻蓂堂，四周遍植竹子。正殿东侧还有太子寝室，西侧又有斋堂，以及东宫内眷房舍共一百二十间。位于正殿东边的彝斋，是太子自己取的斋名。

接绣香堂便门，通绎己堂，重檐复屋，昔杨太后垂帘于此，曰慈明殿。前射圃，竟百步，环修廊，右转博雅楼十二间。廊左转数十步，雕栏花甃，万卉中出秋千，对阳春亭、清霁亭，前芙蓉，后木樨。玉质亭，梅绕之。

一转眼，"陈导"带我们由东宫北侧便门来到馒头山南坡的后宫，眼前是一片园林景观。彝斋接通绣香堂便门，出门可通往绎己堂，接着就是一处重檐复屋，这是当年杨太后（宋

图 1-05　南宋佚名《水轩花榭图》,南宋宫苑之间多以"锦胭廊"
　　　　之类的长廊相连,此画可见一斑。
　　　　原载傅伯星《大宋楼台》

宁宗皇后)垂帘听政的殿宇,叫"慈明殿"。殿前有一射圃,
长度可达一百步,约合现在的一百五十米。射圃四周环以长
廊,向西可转到拥有十二间房屋的博雅楼,往东绕转数十步,
一路两旁的石栏杆和砖砌墙,精雕细镂,百花丛中可见秋千
架的一角,正对的阳春亭和清霁亭,前后种满了芙蓉花和桂
花树。而玉质亭的四周,全是梅花。(图 1-05)

　　由绎己堂❶过锦胭廊,百八十楹,直通御前,廊外即
后苑。梅花千树曰梅岗,亭曰冰花亭。枕小西湖,曰水月
境界,曰澄碧。牡丹曰伊洛传芳,芍药曰冠芳,山茶曰鹤

❶绎己堂在宋度宗时改
作嘉明殿;锦胭廊又
作绣胭廊。

丹，桂曰天阙清香。堂曰本支百世，佑圣祠曰庆和，泗洲
曰慈济，钟离曰得真，橘曰洞庭佳味，茅亭曰昭俭，木香
曰架雪，竹曰赏静，松亭曰天陵偃盖。以日本国松木为翠
寒堂，不施丹腹，白如象齿，环以古松，碧琳堂近之。

这会儿又从绎己堂穿过足有一百八十开间长度、约合
四百五十米长的锦胭廊，直达馒头山西北一带的内朝区，也
就是皇帝内朝宫殿和小西湖附近的后苑一带。这里的园林景
观是一大特色：殿廊以外就是后苑，梅花千树的地方称作梅
岗，有座亭子叫冰花亭。倚枕小西湖边的是水月境界亭和澄
碧亭。牡丹园有伊洛传芳亭，芍药圃有冠芳亭，山茶园有鹤丹
亭，桂园有天阙清香亭。此地一座殿堂匾额题作"本支百世"，
附近佑圣祠题匾"庆和"，泗洲亭题匾"慈济"，钟离亭题匾
"得真"，橘亭题匾"洞庭佳味"，茅亭题匾"昭俭"，木香亭
题匾"架雪"，竹亭题匾"赏静"，松亭题匾"天陵偃盖"。翠
寒堂采用日本松木建造，但不施朱漆，松木本色白如象齿，四
周环植古松，附近还有碧琳堂。这南宋皇城的园林景致实在
丰富，让人都看不过来了！

一山崔嵬，作观堂，为上焚香祝天之所。吴知古掌焚修，每三茅观钟鸣，观堂之钟应之，则驾兴。山背芙蓉阁，风帆沙鸟履舄下。山下一溪萦带，通小西湖。亭曰清涟，怪石夹列，献瑰逞秀，三山五湖，洞穴深杳，豁然平朗，翚飞翼拱。

小西湖边歇一会儿后，"陈导"就带大家从馒头山西北坡上了这座被他形容为"突兀高峻"的小山，然后由北向南，观览山上的几座重要建筑。山顶最高处修筑的观堂，是官家焚香祝祷的场所。当年理宗皇帝宠信的女道士吴知古出入宫禁掌管宫中焚香祝天事务时，每天吴山三茅观的钟声响起，这边观堂的钟声也同声应和，这时，皇帝就起驾上观堂来了。观堂东南山坡上，是位置略低的芙蓉阁，在此眺望东南方向的钱塘江上，沙鸟追逐风帆的景象，恰似在观者的脚下。再看山下，一条小溪玉带似的萦绕于山脚，一直通向小西湖。小溪边上又有清涟亭，两边怪石呈现瑰丽奇秀的景象，仿佛三山五湖。穿过这处幽深的洞穴，眼前豁然开朗，迎面一座飞檐翼然的宫殿，委实壮观。

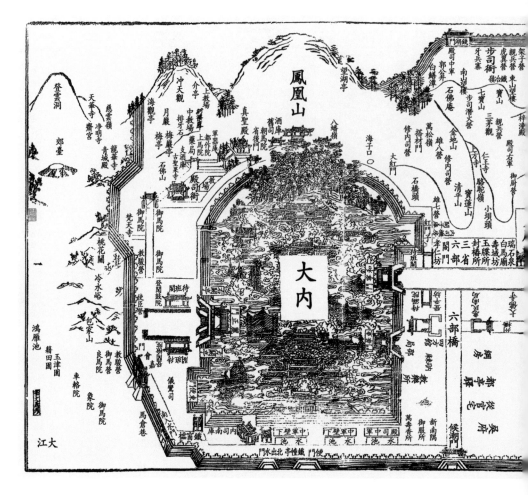

凌虚楼对瑞庆殿，损斋、缉熙、崇正殿之东，为钦先孝思、复古、紫宸等殿。木围即福宁殿，射殿曰选德。坤宁殿，贵妃、昭仪、婕妤等位宫人直舍蚁聚焉。又东过阁子库、睿思殿、仪鸾、修内八作、翰林诸司，是谓东华门。

跟随"陈导"从馒头山东南面下山，辗转于皇城东北角一带参观。这里是皇帝读书或与近臣、学士讲古论今的主要场所，比如损斋是高宗的书房，选德殿是孝宗的读书处，缉熙殿则是理宗的藏书处。这些地方边上就是几座太后、皇后的宫殿，以及嫔妃住所。走过这些地方，通过库房、宫内服务机

图 1-06 宋版《咸淳临安志·皇城图》。
姜青青复原图（原图藏国家图书馆）

构以及各种附属用房，来到皇城东北角的东华门时，天色已经向晚。"皇城一日游"的整个行踪足迹，由最初的和宁门入宫，大致以逆时针方向，在宫内呈"W"形兜转了一圈，最终从东华门出宫，结束了这趟目不暇接的特殊游览。

　　当然，对于代表宋代顶级建筑艺术的南宋皇城，其深厚的历史文化和独特的山水园林式宫殿，这样走马观花式的匆匆一瞥，只能让人窥其一斑。同样，虽然陈世崇的《南渡行宫记》极为重要，但它只是一个"概览"，并非南宋皇城的全部。这座历经一百多年的极品建筑群，还有很多文化内涵和精彩细节，有待于我们进一步去感知和领略。（图 1-06）

　　因而，对于南宋皇城的品读，我们才刚刚开始——

第二章
凤凰山，唐宋文化的渊薮

一、自然高地和政治高地

　　宋高宗赵构那天一踏进杭州城，想都没多想，便直奔凤凰山而去。

　　那天，建炎三年（1129）二月十三日，从扬州瓜洲渡南渡长江，一路逃避金兵追击的他，从余杭门（今武林门一带）进入了杭州城。[1]

[1] ［宋］李心传：《建炎以来系年要录》卷二〇。中华书局 1988 年出版。

　　赵构一行人到杭州后，当地最高行政长官的州治衙署，随即自然"升级"成为皇帝的行宫。同时，为了朝廷议事方便，尚书省官员被安排在州治北门（即后来的皇城和宁门）附近的显宁寺落脚。

　　同年七月，南宋朝廷升杭州为临安府。但在十月十五日，

图 2-01 赵伯骕《番骑猎归图》。
故宫博物院藏

因为听说金军已经过了长江，正南下尾随而来，赵构及其大臣们出临安城渡过浙江（即钱塘江），经越州（今绍兴）向明州（今宁波）逃亡。这年十二月十五日，兀术率领的金兵攻破临安城，大肆焚掠一番后又向浙东猛追赵构（图 2-01）。次年即建炎四年（1130）二月十三日，金兵自临安北撤，走之前在全城放火烧了三天，又大肆屠杀劫掠，作为赵构行宫的州治衙署也被烧成一片废墟，临安人遭受了一场空前浩劫。是年四月，原已浮海逃至温州的赵构因见金兵北撤而还驻越州。此后他在越州住了差不多两年，后来因为觉得越州漕运不便，就下诏在临安府凤凰山麓原杭州州治原址上重建行宫。绍兴二年（1132）正月，赵构自越州回到了临安行宫。

从这以后，直至宋恭帝德祐二年（1276）二月临安城被元军攻占，南宋皇城位于杭州凤凰山东麓长达一百四十多年。而南宋王朝之所以选择在此兴建皇宫，有诸多原因，其中很

❶ 国家文物事业管理局主编：《中国名胜词典》浙江杭州"凤凰山"条。上海辞书出版社1981年出版。

❷ 钱塘江北位于今南星桥一带的杭州最重要的渡口"柳浦"，最早见于东晋六朝时期，唐代称"樟亭"，五代吴越国则称"浙江闸"，南宋又称"浙江亭"，民国以来称"浙江第一码头"，要津之地一脉相承。

重要的一点是，这一带是杭州城市传统的政治"高地"。

凤凰山主峰海拔178米❶，并非属于崇山峻岭。但它恰好位于杭州地区东部平原和西部山岭的交接处，而且扼守钱塘江北岸历代官渡码头❷与隋唐大运河的相接地，自然而然就形成了一个津要之地。

从自然地理条件来看，天目山山脉从西北逶迤而来，龙飞凤舞到钱塘后，其余脉在此形成南北向的凤凰山，山的北翼向东北展开，南翼又向东南有段延伸，由此连同其东部山麓构成了局部面向钱塘江形同太师椅的地形。而在其东侧又有一座小山——馒头山，两山夹峙之地北有吴山为障，南有大江可据，天然而成一个极有安全感的栖居地。

再从军事地理方面考量，杭州城市的平陆地区夹在东南钱塘江和西山西湖之间，大致是一个"南北展而东西缩"的地形。而位于城南的凤凰山一带地势相对城北地区为高，又当水陆要冲，如此位置，在古时候谁能占据，谁也就拥有了控制整个杭州的地理优势。

因为这样重要的地理形势，故而隋唐时期杭州州治自然就建在了凤凰山一带。隋文帝开皇九年（589）改钱唐郡为杭州，"杭州"之名正式登场。两年后的开皇十一年（591），杨素将杭州州治迁移到了江边柳浦西（即凤凰山下），"依山筑城"❶。这是凤凰山地区史上最早的筑城记载，由此也奠定了此地很长一段时期在杭州的政治中心地位。唐朝时沿袭隋朝设置，州治也一直在此，未见动迁。

唐末昭宗景福二年（893），钱镠立足杭州，依山傍水顺势而建罗城，东至今东河西侧，西抵西湖，北到今武林门以北直至湖墅夹城巷，南达净慈寺、雷峰塔和六和塔西侧一带，❷形成了一直延续至民国时期的杭州基本城市格局和规模。五代后梁开平四年（910），钱镠又以唐朝杭州州治为基础兴建子城，周九里，随后就以子城为其国都治所，也就是钱氏王宫所在。吴越国修筑的杭州城呈东西窄、南北长的"腰鼓城"形状，并影响到南宋时临安城独特的"南宫北城"（皇城坐南，市井居北）城市格局。前文曾讲到，南宋皇城也是同样的"周九里"，可见，吴越国时即已奠定了南宋皇城的基本规模。钱俶纳土归宋之后，建于凤凰山的吴越国子城又顺延成为北宋杭州的州治。（图 2-02）

北宋《祥符图经》曾说，凤凰山正南"下瞰大江，直望

❶ [宋]乐史：《太平寰宇记》卷九三，上海商务印书馆 1936 年出版。

❷ 阙维民：《杭州城池暨西湖历史图说·概述》，浙江人民出版社 2000 年出版。

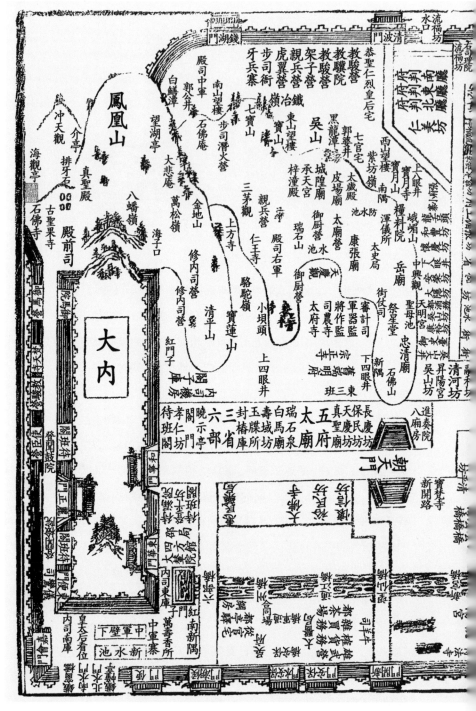

图 2-02 宋版《咸淳临安志·京城图》，上西下东方位，皇城位于城市南部。
姜青青复原图，原刊《〈咸淳临安志〉宋版"京城四图"复原研究》

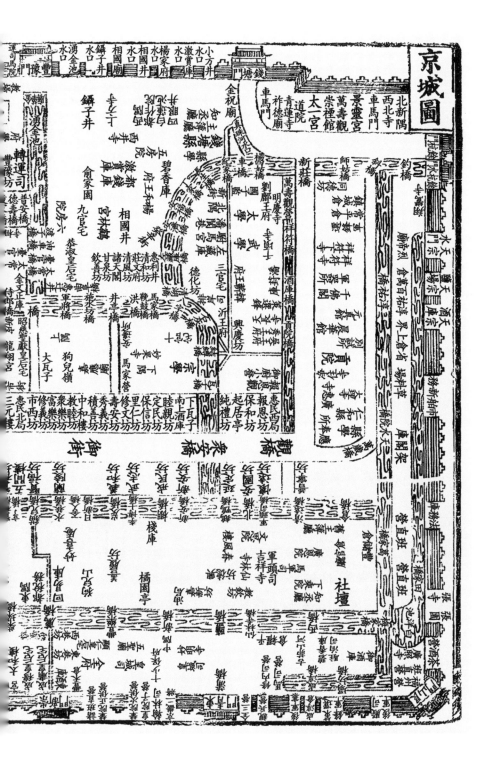

海门"。"下瞰大江"意味着三面而围、两翼展开、一面向阳正对钱塘江的凤凰山，天生就是一个宜居养生和可就近泊船航渡的绝佳之地。这样的地理位置和形势摆在南宋初期，又显示出"急所"的价值，对时刻提防金兵追杀的赵构来说，太重要了！"直望海门"，事实证明这正是赵构避敌时远走高飞的路径和方向。

所以，从史上第一次出现杭州这个名称开始，直到两宋这六百年间，凤凰山麓一带都是当地最高衙署的处所。在凤凰山一带，唐代州治就有高斋、望海楼、清辉楼、虚白堂、因岩亭、忘筌亭等建筑。五代吴越国时新建了中和堂、碧波亭等建筑。北宋时又建有南园巽亭、望越亭、曲水亭、清风亭、云涛观、石林轩、红梅阁、中和堂、有美堂、清暑堂等大量建筑。

如此现成而要紧的场所，对于赵构及其臣子这一大批"不速之客"来说，应该是最为现实的选择。经历了初来乍到时车辚辚马萧萧的匆忙、紧急、混乱，这里给他们的生活起居和朝会办公提供了便利。

二、郡亭枕上看潮头

凤凰山的前世今生，大可以让人近距离实地感受一下。

如今的凤凰山脚路和笤帚湾路交接处，有一条向西而去的小路叫"宋城路"（图2-03）。沿此向西，沿途穿过一片密集的民居，地势渐高处就是凤凰山脚。这是传统攀登凤凰山主峰的一条路，山上圣果寺的外山门最初就建在山脚这儿。唐代释处默有诗云："路自中峰上，盘回出薜萝。"这条上山之路古称"薜萝径"（图2-04），当年路旁满是松竹藤萝，一年四季异常幽静，故有此称。明代吴之鲸也有诗云："涧转烟萝合，林疏翠壁封。荒亭惟一径，恍

图 2-03　宋城路（自东向西看）。
姜青青 摄

图 2-04　今日"薜萝径"。
姜青青 摄

25

图 2-05 凤凰山圣果寺遗址残留的一池一井。
姜青青 摄

惚入山笳。"可见古时这里山道旁是有一条溪涧的。

　　而现在已经难觅山涧，却有一条修筑整齐的石阶往来于山林之间。拾级而上，飞鸟声脆，幽雅清静，眼到处层林叠嶂，风来处落叶纷纷，也不枉薜萝古道之称。

　　半道中有一杭州市政府 2000 年 7 月公布竖立的市级文物保护单位"圣果寺遗址"的石碑。据清代"圣果寺图"度其地，应是"御莲桥"所在地，附近原来还有"宫井"遗迹。只是现在桥已无存，溪已无闻，井也无见。

　　山道再上经过几弯，来到一平旷处，前有一池一井，俱已干涸（图 2-05）；后为凤凰山中峰，石峰如屏，林木荫翳，这里便是圣果寺寺院的遗址了。

　　这座古寺堪称凤凰山最古老的寺院，始建于隋开皇二年（582），初建时以此山景胜，颇多寺僧，故名"胜果寺"。唐昭宗乾宁年间（894—898），有位称作无著文喜的禅师来到已经荒废的圣果寺一带，或许是爬山累了，便在此闭眼枯坐多时，不知不觉进入了寂定之中。忽然，他感到眼前似有祥光闪现，顿时惊觉，环顾四周，一片残垣断瓦。既有祥光出现，无著文喜觉得该有因缘结果，遂在原址上重建禅寺，改原名为"圣果寺"。

南宋高宗定都临安后，此地已然划入皇宫后苑，属于宫禁之地，一般僧俗未经许可，是无缘来此的。之后孝宗淳熙十三年（1186），重建圣果寺，直到宋亡时寺毁。宋后历代屡建屡毁，如今地面建筑已荡然无存。

唐朝白居易有一首诗《九日思杭州旧游，寄周判官及诸客》说："忽忆郡南山顶上，昔时同醉是今辰。笙歌委曲声延耳，金翠动摇光照身。风景不随宫相去，欢娱应逐使君新。江山宾客皆如旧，唯是当筵换主人。"唐穆宗长庆二年至四年（822—824），白居易在杭州任刺史，这首诗是他后来写的，怀念在杭州为官时过重阳节的情景。这郡南山顶上，指的就是凤凰山上。

白居易著名的《江南忆》则说："江南忆，最忆是杭州。山寺月中寻桂子，郡亭枕上看潮头。何日更重游？"当时杭州州治就在凤凰山下，州治内的"郡亭"毗邻钱塘江畔，所以"枕上看潮头"是完全有可能的。而诗中讲到的"山寺"相距州治"郡亭"应当不会太远，很有可能指的就是圣果寺，当时还叫胜果寺。凤凰山"月岩"是传统的赏月佳地，南宋

图 2-06 凤凰山为石灰岩地质,磴步即于嶙峋山石间开凿而上。
姜青青 摄

时月岩建有"延桂亭"。在圣果寺正殿左侧清隐房附近,古时有一"将军池",池上石壁间有石刻"桂岩"二字,因池边长有一株大过群木的桂树而得名。大概白居易在中秋时节来圣果寺月下寻桂赏景,与"郡亭"看潮头一样,都是杭州的赏秋之地,都在情理之中。

从圣果寺遗址右侧向北循山道而行,石笋岩崖间藤萝纵横,又有"通明洞""归云洞"等幽深洞壑。人到峭壁巨岩前几疑无路可循,乱石之中忽又凿开登山石阶,陡直犹如天梯(图 2-06)。明代王阳明对此曾写下了"深林容鸟道,古洞隐青萝"的诗句。这也是对此处山景的一种写实,因为凤凰山在地质上属于石灰岩地貌,故而四周山石嶙峋,巨石峭拔。

行走在圣果寺附近山崖间,可见一泓泉水嵌于苍苔润石的立壁之上,不仅清澈可爱,而且宛如燕窝巧营悬崖之间,也是一奇。清代释超乾在他的《凤凰山圣果寺志》中说这是"郭公泉",是与西湖葛岭上的葛洪同时代人郭文所凿,虽然水量极小,涓涓细流聚此才盈盈一掬,但久旱不涸。(图 2-07)

这应该是凤凰山上最古老的一处人文遗迹,距今约有1700 年历史,圣果寺在隋代创建之前两百多年就有这孔泉眼

图 2-07 凤凰山圣果寺附近山崖峭壁上的一泓泉水。
姜青青 摄

图 2-08 圣果寺遗址北侧的三石佛造像残迹。
姜青青 摄

了。杭州市区东晋之前的文史遗痕屈指可数，而凤凰山上这眼清泉可谓是极为难得的至今仍然可近、可感、可亲的一眼古泉。

再往北而去，又有一处古迹，称为"三石佛"。一堵高大如屏的峭壁上还可看见三尊石像残迹（图2-08）。三石佛即阿弥陀佛、观世音菩萨和大势至菩萨。这是五代后梁开平四年（910）吴越国钱镠开凿的造像，原先高约十丈，几乎与这峭壁等高。当年这里也是凤凰山上一大佛门圣地，三石佛之上建有千佛阁为其遮挡风雨。

千佛阁之上的崖壁平顶，古时建有佛祖亭。北宋景祐年间（1034—1038），有供奉大内的僧人惠然来到凤凰山，在佛祖亭左近创建了一座七级、二十余丈高的崇圣塔，蔚为壮观。只是这些亭塔已不存，三石佛也面目全非，仅有些许衣带和璎珞浮雕的遗迹依稀可辨，供人想象当年佛像的优雅姿态。三石佛下方附近崖壁上，还有十八罗汉石像，也是五代时钱王所造，石像头部均遭损毁，现在所见已是近人所补。

三、苏轼结庐在"凤喙"

郭公泉附近原有"卧醉石"，石如掌平，若醉若卧，其上刻有"卧醉"二字。北宋时苏轼某日来此，见到这块大石顿生一种感慨，写了一首《醉睡者》诗说："有道难行不如醉，有口难言不如睡。先生醉卧此石间，万古无人知此意。"

苏轼诗文从来不缺思想性，这首诗同样寄托了他对世间"无道"的一种批判精神。

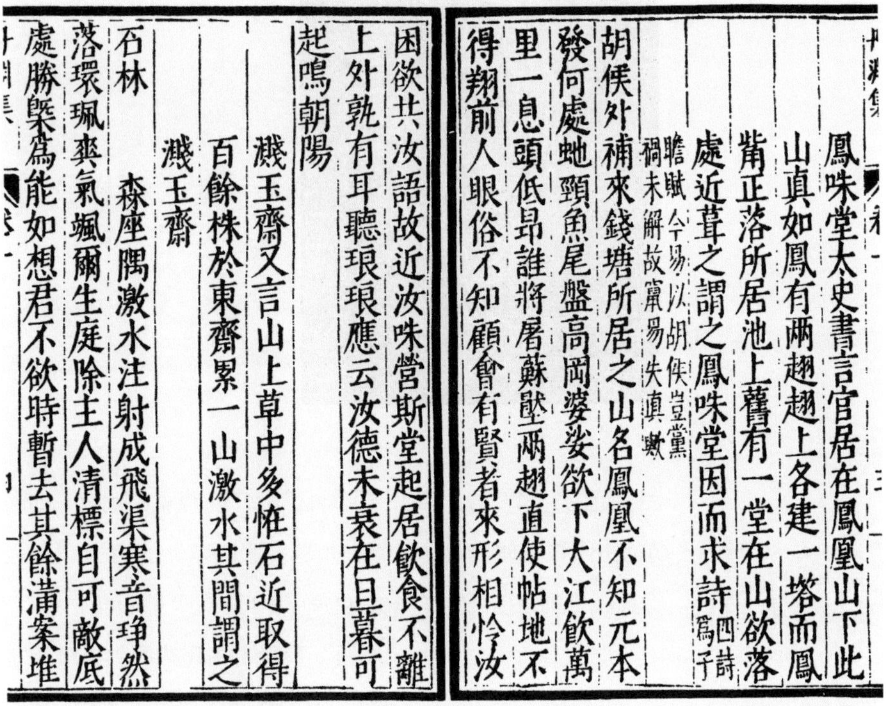

中淵集

鳳味堂太史書言官居在鳳凰山下此
山真如鳳有兩趐上各建一塔而鳳
觜正落所居池上舊有一堂在山欲落
處近茸之謂之鳳味堂因而求詩篇于
瞻賦今易以胡侯豈黨　祠未解故竇易失真欺
里一息頭低昂誰將屠蘇婆娑欲下大江飲萬
發何處地頸魚尾盤高岡直使帖地不
胡侯外補來錢塘所居之山名鳳凰不知元本
得翔前人眼俗不知顧曾有賢者來形相憐汝

起鳴朝陽
上外乾有耳聽琅琅應云汝德未衰在日暮可
濺玉齋又言山上草中多恠石近取得
困欲共汝語故近汝味營斯堂起居飲食不離
石林
森座闧激水注射成飛渠寒音琤然
落環珮奕氣颯爾生庭除主人清標自可敵底
百餘株於東齋累一山激水其間謂之
濺玉齋
處勝槩焉能如想君不欲時暫去其餘蒲案堆

图 2-09 北宋文同《丹渊集》记述了苏轼结庐凤凰山的情形。因遭"元祐党禁"，诗文中避称苏轼为"太史""胡侯""胡学士"等。上海商务印书馆《四部丛刊》本

苏轼是在熙宁四年（1071）十月抵达杭州出任通判一职的，对州衙所在的凤凰山他描写道："官居在凤凰山下。此山真如凤：有两翅，翅上各建一塔；而凤嘴正落所居池上。"借山名作了形象描述。看来他对这里的环境还是很满意的，于是开始在凤凰山下打理自己的住处。（图 2-09、2-10）

他一眼看中衙署内凤凰山山脚的一所旧房子，略加修缮，取名"凤咮堂"❶。这房子的地势略高，就在他慧眼所识的凤咮部位。根据民国二十二年（1933）制版的《杭州市街及西

❶咮，音 zhòu，意为鸟喙。

31

图 2-10 东坡笠屐图拓片。
海南儋州东坡书院藏。
姜青青 摄

❶ 杭州市住房保障和房产管理局编著：《90年前的杭州——民国〈杭州市街及西湖附近图〉初读》，浙江古籍出版社 2020 年出版。

湖附近图》第八号"凤山门"地图等高线，凤凰山确有一处向东凸出部，具体位置在"清山东巡抚张曜墓"的西侧，❶即在今凤凰山脚路以西的"凤凰文创小镇 1138 园区"北侧。

时人以为苏轼对此"凤凰"不得自由飞翔而生出怜悯之心，故选地在此。这未必确切，因为凤喙不是普通鸟喙，神话传说，以凤喙合麟角，可煎作"续弦胶"，断弦之弓、断折之金可用以连接如新。可见苏轼取名"凤咮堂"有一种"经世济民"的志向，外化于行，便是他在杭州等地留下的诸多惠民政绩。

❷ ［宋］苏轼：《苏轼轶文汇编》卷二《与文与可十一首》，收入《苏轼文集》（孔凡礼点校），中华书局 1986 年出版。文与可即苏轼表兄弟文同，其《丹渊集》卷一〇收录了他为苏轼新居题写的一组诗歌。

堂边凤喙落处有一小池，他端详了一阵子后，上山在草中寻得嶙峋怪石，大费周章搬取了一百多块，在堂屋的东厢书斋旁垒成一座假山。又引来泉水，顺山坡直冲假山块石之间，激水飞溅如玉入池，营造出富有动感的景致，这书斋也就有了一个"溅玉斋"的美名。堂后有屋颇为正方，便给它取名叫作"方庵"。某天他游览凤凰山奇观"月岩"，心里喜欢，于是又在堂屋旁叠石为山，上立一峰石也有穿窍，如同山上月岩一般，又将居室题名叫"月岩斋"。❷

图 2-11 苏轼名帖《天际乌云帖》（尾部），写其通判杭州故事，从末句赞语看，杭州人给他留下了好印象。
清翁方纲原藏

结庐凤凰山的苏轼，通过叠石、理水、借景等造园手法，将自己的新居融入了凤凰山的自然山水之中。（图 2-11）

凤凰山州衙濒临钱塘江，白居易的"郡亭枕上看潮头"成为一种诗意生活。追慕前贤，苏轼也写了不少非常出彩的观潮诗。熙宁五年（1072）八月，正值秋闱州试，本地考生被集中在州衙考试，苏轼担任州试监考官。白天试院气氛严肃紧张，他便在天色向晚时，跑到凤凰山临江的望海楼观潮赏景，写下了《望海楼晚景》一组五首诗，视角多维，诗意盎然，那时那景那人，宛然眼前。

33

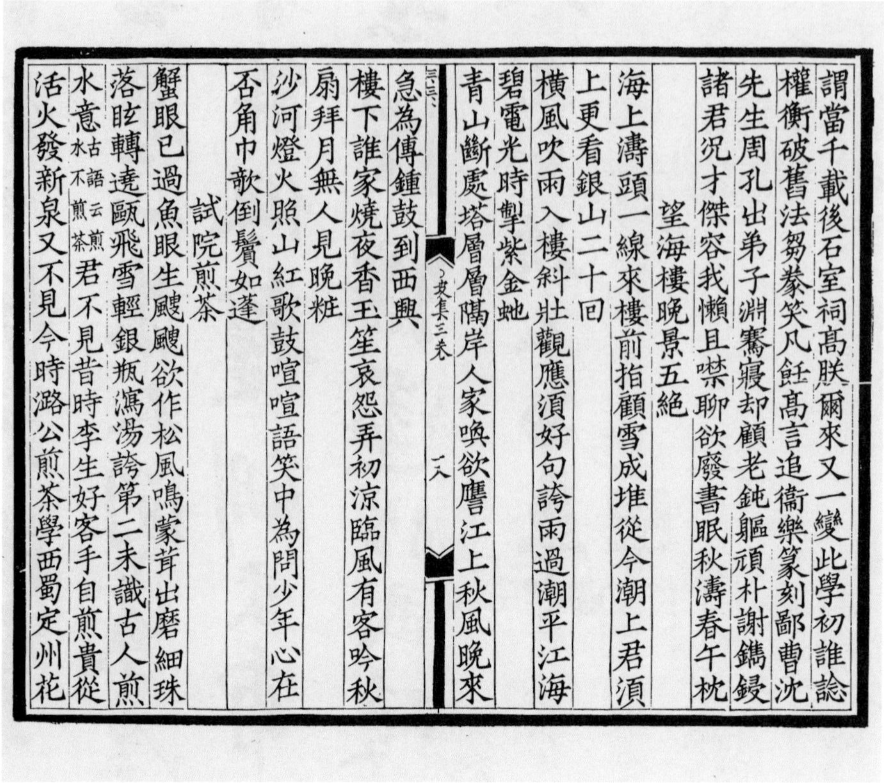

謂當千載後　石室祠高朕　爾來又一變　此學初誰諗
權衡破舊法　刄蓥笑凡飪　髙言追衢鞶　刻樂篆曹沈
先生周孔出　弟子淵騫寢　却顧老鈍軀　頑朴謝鑴鎈
諸君況才傑　容我懶且噤　聊欲廢書眠　秋濤春午枕

望海樓晚景五絕

海上濤頭一線來　樓前指顧雪成堆　從今潮上君須
上　更看銀山二十回

橫風吹雨入樓斜　壯觀應須好句誇　雨過潮平江海
碧　電光時掣紫金虵

青山斷處塔層層　隔岸人家喚欲應　江上秋風晚來
急　為傳鍾鼓到西興

樓下誰家燒夜香　玉笙哀怨弄初涼　臨風有客吟秋
扇　拜月無人見晚粧

沙河燈火照山紅　歌鼓喧喧語笑中　為問少年心在
否　角巾歌倒鬢如蓬

試院煎茶

蟹眼已過魚眼生　颼颼欲作松風鳴　蒙茸出磨細珠
落眳轉遶甌飛雪輕　銀瓶瀉湯誇第二　未識古人煎
水意（古水不語云煎茶）　君不見昔時李生好客手自煎
活火發新泉　又不見今時潞公煎茶學西蜀定州花

图 2-12 苏轼《东坡七集》卷三《望海楼晚景五绝》。
清光绪缪荃孙重刊明成化吉州刻本

其中第一首诗写他在望海楼上所见一线潮的情景，以及心随潮涌、追逐潮头的积极心态：

> 海上涛头一线来，楼前指顾雪成堆。
> 从今潮上君须上，更看银山二十回。

第三首诗写江上晚景，此刻他身居高处，视江如练，意象壮阔：

> 青山断处塔层层，隔岸人家唤欲应。
> 江上秋风晚来急，为传钟鼓到西兴。

第四首诗写望海楼下人们焚香、吹笙、吟诗、拜月等活动：

> 楼下谁家烧夜香？玉笙哀怨弄初凉。
> 临风有客吟秋扇，拜月无人见晚妆。

这年中秋节，苏轼赏月观潮，经眼奇观，抚今追昔，感慨良多，一气呵成写下了气象万千、波澜壮阔、淋漓恣肆、爽俊豪迈的《八月十五日看潮（五绝）》。

第一首诗写中秋月色和夜潮的相得益彰，譬喻巧妙，不落俗套：

> 定知玉兔十分圆，已作霜风九月寒。
> 寄语重门休上钥，夜潮流向月中看。

第二首诗借西晋名将王浚灭吴故事，写大潮声势之壮、潮头之高：

> 万人鼓噪慑吴侬，犹似浮江老阿童。
> 欲识潮头高几许？越山浑在浪花中。

第三首诗由江潮抒写自己似水流年的身世感慨：

> 江边身世两悠悠，久与沧波共白头。
> 造物亦知人易老，故教江水向西流。

第四首诗议论州府新令禁止万分危险的弄潮之举：

> 吴儿生长狎涛渊，冒利轻生不自怜。
> 东海若知明主意，应教斥卤变桑田。

第五首诗由观潮联想《庄子》河伯的"望洋兴叹"，却期待夫差披甲水军、钱镠强弩射潮那样的"人定胜天"：

> 江神河伯两醯鸡，海若东来气吐霓。
> 安得夫差水犀手，三千强弩射潮低。

州衙中著名的"有美堂"，建于仁宗嘉祐二年（1057）梅挚知杭州时。堂外还有苏轼恩师欧阳修写的《有美堂记》，所以这里也是州中官员经常雅集宴饮的地方。某天苏轼与同僚相聚有美堂，忽然乌云蔽日，雷声大作，顷刻间，暴风骤雨倾盆狂泻。苏轼自然不肯放弃状写这异象之景，一篇有声有色、气势豪壮的诗篇《有美堂暴雨》诞生了：

> 游人脚底一声雷，满座顽云拨不开。
> 天外黑风吹海立，浙东飞雨过江来。
> 十分潋滟金樽凸，千杖敲铿羯鼓催。
> 唤起谪仙泉洒面，倒倾鲛室泻琼瑰。

宋哲宗赵煦元祐四年（1089）七月至元祐六年（1091）三月，苏轼以知州身份第二次在杭州为官。这次在杭的日常起居地在何处，未见文献记载，但应该仍在凤凰山州治衙署中。绍圣元年（1094）六月苏轼被贬谪南迁英州（今广东英德）途中，恰遇酷热天气，令他想起知杭州时夏日的衙署中，唯有中和堂东南面，可以下瞰江流东海，即使三伏天也常能让人心静不烦。他写诗回忆道："中和堂上东南颊，独有人间万里风。"明人田汝成说："中和堂，本钱王阅礼堂也。壮丽绝伦，暑月最快。"[1]也说中和堂是个度夏的好地方。可见苏轼常流连于中和堂，在此酹江赏月。[2]今度其地，地势较高的中和堂当在馒头山南侧一带。（图2-13）

[1] ［明］田汝成：《西湖游览志》卷七"南山胜迹"，上海古籍出版社1998年出版。

[2] ［宋］潜说友：《咸淳临安志》卷五二《刘景文季孙陪东坡中和堂赏月》有云："中和堂上月，盛夏似高秋。"江苏广陵古籍刻印社1986年影印清代振绮堂汪氏仿宋本。

图 2-13 南宋宫廷画家马远（或误为马麟）《松风楼观图》，掩映在葱茏树木之间的宫中楼阁，描绘地点似在今馒头山南侧一带。两宋时这里为临江观潮的佳地，同为宫廷画师的李嵩所绘《月夜看潮图》也当是选点于此。
选自《大宋楼台》

此外，苏轼还几次登临凤凰山西南将台山上的介亭，游览或宴请其幕僚。❶

杭州凤凰山的自然山川美景，给予了苏轼一段诗意生活。而苏轼的诗意生活也在某种程度上影响到后来南宋帝后们的宫廷生活，此是后话。

只可惜因为文献记载的稀缺，唐宋时期凤凰山一带的这些州衙建筑位置现在多不明所在，除了圣果寺之外，基本无迹可寻。而且，建炎四年（1130）二月金兵在临安城和州治衙署放的那把烧了三天三夜的大火，也早将这种种名园佳构化成了灰烬。

❶苏轼有《次韵刘景文登介亭》《介亭饯杨杰次公》等诗作。"介亭"为北宋杭州知州祖无择所建，在此一江一湖尽收眼底，两宋时一直是重要的观景点，文人雅士多有诗词题咏。

四、谁写"忠实"石壁间？

回到凤凰山上，在圣果寺边上今天还可以看到不少摩崖石刻，其中"忠实"二字藏着一个很大的疑问——

这两字比周围摩崖石刻上的其他字迹，包括寻常石刻的字口，都要镌刻得深刻。字迹的左下方原有一个落款字迹或印章，早已被人凿去，这使得两字的作者是谁有了存疑。现在一般认为这两字应该是赵构所题。❶

回顾一下赵构的南渡经历，而将"忠实"两字定为他的手笔，还是解释得通的。赵构一生多次遇到侍卫禁军的兵变。他从扬州瓜洲渡过长江，在镇江停留时曾险遭一场兵变。一路艰辛抵达杭州后没几天，突遭"苗刘兵变"，险遭不测。之后在明州准备登舟下海逃避金兵追击时，又遭遇了一场未遂兵变。

圣果寺是他定居凤凰山后，拱卫大内禁军的指挥机构殿司衙的所在地。南宋初期执掌殿前司的杨存中是个重要人物。他原名杨沂中，代州崞县❷（今山西原平）人，杨存中之名为赵构所赐。"靖康之变"赵构还是河北兵马元帅时，他

❶ 许力、韩天雍、邵群：《西湖摩崖萃珍一百品》，杭州出版社2019年出版。

❷ 崞，音 guō。

图 2-14 摩崖石刻"忠实"(传为高宗赵构书迹,近有学者认为乃是理宗赵昀御书),
曾覆有亭子。
姜青青 摄

就担任了赵构的宿卫要职,鞍前马后忠心耿耿。赵构在凤凰
山重建他的皇宫后,杨沂中再任宫中禁卫官职。直到赵构退
居太上皇,他值宿宫禁前后近四十年。因而,这个位于殿司
衙附近的"忠实"摩崖石刻,很有可能是赵构对他的嘉勉。
(图 2-14)

但近有学者在比较了赵构和赵昀两人的传世墨迹之后,
认为"忠实"二字应该是赵昀的笔迹。[1]说这是赵昀之笔,也
合乎情理,确实,但凡做了皇帝,对于臣下是否忠实可靠看得
极为重要,这是攸关自家性命和王朝江山的大事。因而某天
赵昀来到这里,为殿司衙留下这样的嘱托,很正常。

在圣果寺附近另一块山石上刻着的"皇宫墙"三字,初
见时往往令人觉得奇怪。因为皇城南北各有城墙,东边有墙,
唯独西边是以凤凰山为天然屏障,并无城墙修筑,这里哪来
的"皇宫墙"?但是了解了杨存中与赵构的那种君臣关系之
后,你会恍然大悟,原来这是对"忠实"的另一种诠释:天
然屏障也得有忠诚可靠的人去守卫,殿前司执掌宫中宿卫,

[1] 卢英振:《操觚弄翰
为用大——宋高宗书
法人生》,杭州出版社
2021 年出版。

图 2-15 凤凰山圣果寺附近的摩崖石刻"皇宫墙"。
姜青青 摄

殿司衙在此就应该担当起真正的"皇宫墙"作用，为官家站好岗、放好哨。（图2-15）

相比之下，"忠实"和"皇宫墙"对赵构来说，可能更具现实意义。

建炎三年（1129）二月十三日，赵构第一次抵达杭州。从扬州渡江下江南以来，他完全处于一种逃命状态，一路的颠沛流离让年纪轻轻的他变得非常敏感。杭州会是一座怎样的城市？那里的人会接受自己吗？他一直揣测不定、惴惴不安。

当赵构的御舟从余杭水门（今武林门附近）进入杭州城后，眼前的一幕使他不是高兴，而是感动了。他觉得选择杭州应该是选对了，这里值得安身立命。当时官府并未把官家即将抵达本州的消息广而告之，毕竟他的南渡逃亡并非什么可喜可贺的事。可是，杭州百姓风闻官家将来本州，都有些惊奇，呼朋唤友赶来一睹天子风采。御舟进城后，杭州老百姓第一次看到的官家身影，却与想象中的样貌大相径庭——他消瘦中带着憔悴，沧桑中带着风尘，难掩的落魄让人不由得心生怜悯。

船过天水院桥、梅家桥（今天水桥和梅登高桥一带），向南拐进盐桥运河（今中河），两岸到处是奔走的人，夹河相迎，欢呼"万岁"。御舟过仙林寺桥和盐桥，在橘园亭（今平海路东端附近）泊岸，一行人准备换乘轿子，前往凤凰山下的杭州府衙。当赵构走上岸时，一群父老携儿挈女，带着他们最可口的美食和美酒，迎接这位风尘仆仆、一路亡命的落难皇帝，像是见到了自己的亲人一般。

赵构心里激动不已！这场景让他看到了一个极为重要，也是最为宝贵的东西：人心！

他应该记得，十天之前他在扬州被金兵突袭，慌不择路渡过长江时，人还未到镇江，那里的人们就已纷纷逃往城外山中避祸，镇江几乎成了一座空城。镇江人因为金兵逼近而逃命，对此赵构也无可奈何。但接下去到常州、无锡、苏州，一直到嘉兴，这一路上也没见有多少热心肠的人和让他感到暖心的事。而赵构到杭州见到的这一幕，恰恰就是他对于自己的"新家"在天时、地利、人和的评估和抉择中，那至关重要的一环：人和。

杭州的人心向背，还表现在危难关头有人不惜牺牲，顽强抗敌。

建炎三年（1129）十二月，兀术率十万金兵由独松关进逼临安府。此时赵构已渡江逃往明州（今浙江宁波），留守的知府康允之也不战而逃。在此危急关头，钱塘令朱跸集结了乡兵两千人，逆势迎战。杭州另一名小吏岳仲琚也挺身而出，捐献家资招募勇士三百人，推举金胜、祝威二尉为先锋，大战金兵，为城内百姓的转移争取更多时间。最终朱跸、岳仲琚力战而死，金胜、祝威战败被俘，也不屈身死。这就是杭州人的忠义气概和人心所向。

南宋末年《咸淳临安志》总结杭州的世俗民风时，罗列了"忠以勤""劝于为善"和"知尊君而爱亲"这一连串的赞美词，并说五代钱王就是这样的代表人物。而南渡之际，"杭独为天下先"成为"行在"，正是缘于当时杭州人对大宋忠贞不渝的优良传统，给人印象太深刻了。❶

因而，"忠实"这两字在此入木三分、非同寻常的"深

❶《咸淳临安志》潜说友序。

43

图 2-16　摩崖石刻"凤山"，淳熙十四年春（丁未年，1187）宋洛王大通书。
姜青青 摄

刻"，南宋军民的"忠实"，恰恰就是赵构"定居"杭州凤凰
山下的根本，是他能够每天晚上无忧"酣睡"的"安眠药"。
或许，这才是凤凰山上众多遗存中的一个点睛之笔。

五、天人合一奇妙地

　　这里一路走来还可以见到多处摩崖石刻，譬如"凤山"
二字，每字分别写刻在相邻的两处崖壁上，字大一米多高，落
款有"宋洛王大通书"和"淳熙丁未春"（图 2-16）。和"忠
实"二字一样，古时这两处石刻上各建有一座亭子，既为遮
护石刻，行人也可憩息。

　　圣果寺往北由三石佛左侧山道而上，便是凤凰山顶了。沿
山脊北路可往凤凰亭、八蟠岭、修内司官窑遗址❶，以及南宋皇
城北城墙遗址等处。南路则通往将台山、月岩等地。

　　将台山是凤凰山西南侧的一座高山，山头地势平整，丛

❶现在也称"老虎洞窑址"，并建有官窑遗址博物馆。

图 2-17 将台山山顶平展，曾是吴越王钱镠讲武之地，南宋时为御校场，孝宗曾在此习武阅兵。清代建有澄观台，为杭州二十四景之一。
姜青青 摄

林漫山，整个平顶面积古书记载有"三十余亩"（图 2-17）。凭借这样的地理特点，吴越王钱镠曾在此练兵阅武，南宋时掌管皇城禁军的殿前司将这里用作校场。孝宗是南宋最尚武的一位皇帝，也曾来此阅兵操练，这便有了"御校场"的名号，只是后来因为读音相近而讹作"女校场"，便附会出什么宫内嫔妃也曾在此演武之事。

将台山顶在地貌上虽然平整，但也有别样奇观，这就是山顶平地上冒出的那一丛石笋。天然石笋多半是"野蛮生长"，毫无规律。但这丛石笋偏生极有"规矩"，"自觉"分站两排，中留一直道，仿佛大堂上两列竦立的衙役（图 2-18）。

吴越王钱镠也是一位有形象思维的人，来此见到这样的石景，不禁为此感喟，遂将这组大石称作"排衙石"，并题诗刻于石上。

从将台山向东北方向下山，至一山岭岔口，继续一路向东，便是凤凰山南翼余脉包家山，南宋时毗邻皇城之南。其间

45

图 2-18　将台山排衙石，为山顶平地中冒出的十多株石笋，队列两排，中有甬道可通，好像衙役两列排展，故名"排衙石"。
姜青青 摄

图 2-19　五代梵天寺经幢。
姜青青 摄

图 2-20 月岩（右下为局部放大的"月崖"题刻）。
姜青青 摄

有五代名刹梵天寺，虽然寺院今已不存，但当年的两座经幢仍然挺拔在此，那时工匠的精雕细琢、匠心手艺仍能清晰可见，现在两经幢已成为全国重点文物保护单位（图 2-19）。

　　从岔口向北往下，则来到了凤凰山上当年苏轼非常欣赏的又一著名景点"月岩"。月岩景区也是一片石笋丛生、簇拥成林的景致。当中一峰石笋拔地而起，宛然如削，石峰上部有一前低后高、直穿通透的天然圆孔，而近前又有一方桂月池，围以新修筑的一圈宋式石栏杆（图 2-20）。每年唯有农历八月十五中秋之夜，从南而来的月亮光影正好穿透这个圆孔，斜照一束清辉于水塘之中。人立水边，又可见一轮皎洁的圆月倒映水中央，仿佛"对影成三人"的境界。圆月圆窍，月影水影，天上水中，相映成趣，这自然的一月一水、一石一孔，仅在中秋这一天结合得天衣无缝，巧夺天工，将普天下多少期待

图 2-21　月岩附近摩崖石刻，此为蔡襄字迹"光影中天"。姜青青 摄

　　和祝愿在此圆满呈献！由此，这里成为天下一大奇观——"月岩望影"。因而不仅是苏轼对月岩钟爱有加，南宋皇帝及其六宫嫔妃，每年中秋节多半也在这里赏月品香，诗酒遣怀。

　　月岩圆孔右侧，今人刘江题刻"月崖"二字，字仿篆文，也属古雅。其旁曾有一座"月榭"，边上石壁上原曾刻有宋末陈天瑞在此吟咏月岩的一首诗："怪石堆云矗太空，女娲炼出广寒宫。一轮常满阴晴见，万古无亏昼夜同。捣药声繁驱白兔，漏天孔正透清风。光明自照如来镜，肯学嫦娥西复东。"月岩四周也多为奇峰怪石，聚合一处，犹如六月莲花瓣瓣攒立，自然散落，又如太湖石峰，极富园林意趣，却是真山真水，故而人见人爱。其上多有古人题刻，譬如苏轼通判杭州时其上司

知州蔡襄留下的"光影中天"，字径硕大，笔力雄健，如半空挥洒，力透石中，今天看来虽有漫漶，却是精神不灭。那种自然与人文的巧妙结合，堪称名山胜景。（图2-21）

由月岩往北下山，便转回圣果寺遗址处，循来路即可回到山脚。

回望凤凰山，给人印象颇深的一大特点就是天人合一！这里世代相传的"忠勤为善"的民风世俗，使得原本普普通通的一座山、一座城，渐渐出落成一个美好宜居之地。而南宋时期那些人心向背的故事，犹如此地"碧梧栖老凤凰枝"的那枝碧梧良木，成为一个王朝赖以在此安身立命的最重要的条件——人和。

第三章
汴京临安两宫城，谁大谁小？

一、皇城与宫城的流变

为了逃避金兵凶狠的追杀，宋高宗赵构建炎元年（1127）五月初一在河南应天府（今商丘）即帝位后，很长时间都把自己居住的宫室称作"行宫"。确实，赵构在南渡之初，扬州、平江府（今苏州）、建康府（今南京）、绍兴府（今绍兴）以及临安府（今杭州），都曾经做过他的行宫，下榻的时间长短不一。

临安城凤凰山麓的南宋皇城初建于绍兴元年（1131）十一月，第二年正月十四日，赵构从绍兴府搬回临安城，"拎包入住"于凤凰山下的这个新家。绍兴八年（1138），南宋正式以临安府为行在所（意为行都），赵构就此正式摆脱"流浪汉"生活，南宋皇城算是赵宋皇帝的正式居所了。

从地理环境和条件的因素来观察赵宋皇城的南迁杭州，

这是一个从传统都邑早已习惯的中原平原迁移到江南丘陵地带的过程。当年南渡的人们对南方气候、水土当有一个适应的过程，而作为新的宫城殿堂的规划和营建，也应有一个对新地形、新环境的适应过程。

事实上，像杭州凤凰山下、西子湖畔这样优越的环境条件，很快会让人在自觉和不自觉中，从"临安"的初心生发出"宜安"的观念。事实上，除了南渡的宋高宗和被俘的宋恭帝，在临安即位的南宋诸帝，心无旁骛安居于此，没有一个人离开过临安城。朝野臣民最后也将"临安"的行在所，奉为事实上的大宋京城，终使"临安"反成为"长安"——这种现象反映了一种异乎寻常的"稳定"。

宋室南渡最终选择在杭州"定都"，其中一大原因是当时历史发展大趋势的必然性，即北宋杭州作为"东南第一州"，是"安史之乱"后中国经济重心在向东南转移这一历史进程中崛起的典型性和代表性城市。她为南宋立国带来了强劲而绵长的支撑力：一个南渡流亡的政权最终之所以选定杭州作为"落脚点"，其充分理由之一，就是当时已被谣谚"上有天堂、下有苏杭"❶标签化的东南地区雄厚的经济基础；

❶这句名谚的最早版本是建炎元年（1127）曹勋在给宋高宗的札子中提到的，写作"上界有天堂，下界有苏杭"。详见曹勋《松隐文集》卷二六《进前十事札子》，刘承幹 1920 年嘉业堂丛书本。

51

而南宋建都杭州，又促使了更大范围的经济力量源源不断地向东南地区集聚和释放，由此支撑了一个全新的皇城在一个全新的地理环境下的拔地而起、踵事增华，且稳固持续地支撑了这个皇城长达 138 年的巍峨和壮丽。

在这 138 年间，皇城的规划和建设，在定都的"临时"和"长久"之间踵前朝宫城之成例，增当下山水之形胜，逐渐完成了从宏大到精巧，从宫室到园林的蜕变，形成了一种独特的皇城格局。

为什么南宋皇城就独特了？

首先就是南宋的这个"皇城"，在其概念和内涵上出现了变异。

皇城与宫城，在隋唐时为不同的两个概念。从唐代长安的整个都城格局看，有外城、子城和宫城，皇城属于子城。《唐六典》对"皇城"的解释是："今谓之子城。"唐朝宗庙和官署等主要建筑，基本上都集中于皇城里，所谓"左宗庙，右社稷，百僚廨署列乎其间"❶。此外，属于太子东宫的官署也在皇城中。但请注意，皇城中并无皇帝的宫室建筑，皇帝理政和起居之地称作"宫城"。

❶［唐］李林甫等：《唐六典》（陈仲夫点校）卷七，中华书局 1992 年出版。这里讲到的百官官署具体有"六省"：尚书、中书、门下、秘书、殿中、内侍省；"九寺"：太常、宗正、司农、太府、鸿胪、卫尉、光禄、太仆、大理寺；"台"：御史台；"四监"：少府、将作、国子、都水监；"十八卫"：左右卫、左右金吾卫、左右骁骑、左右武卫、左右威卫、左右领军卫、左右监门卫、左右千牛卫、左右羽林军卫。

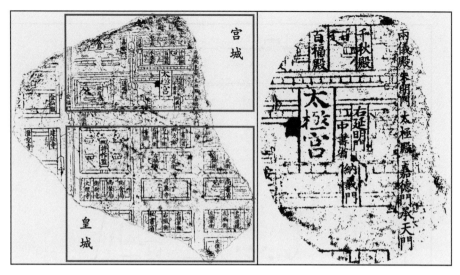

图 3-01 北宋元丰三年（1080）吕大防等绘《长安志·太极宫图》残碑拓片（反相），姜青青整理本。
原碑藏于西安碑林博物馆

　　唐初长安最内核的区块是在皇城之北的宫城太极宫（包括东宫、掖庭宫），为皇帝朝政与起居所在。皇帝听政理政根据周礼三朝制度，分别在外朝、中朝和内朝等三处宫殿。外朝承天门，但凡元旦和冬至举行大朝会盛典、重大宴会、大赦天下以及除旧布新的重大宣示、接受外邦朝贡、接见四方国宾等，皇帝会在此听政。中朝太极殿，每月初一和十五这两天，皇帝在此视朝。内朝两仪殿，平常日子里在此理政。❶

❶《唐六典》卷七。

　　有一块民国时期发现的古地图残碑，可以让人加深对唐长安皇城和宫城之间关系的理解，这就是北宋吕大防等人所绘的《太极宫图》拓片（图 3-01）。从中可见，宫殿棋布的宫城与唐长安城"里坊制"模式下官署集聚的皇城，一北一南紧挨共处，其间由一条横街分界。但北部宫城又并未把皇帝宫室与臣僚议事堂切割得泾渭分明，宫城禁地内也有官署所在，如图中"太极宫"右下就标示着"中书省"。而《唐六典》记载"中书门下"也说，"中书门下凡有三所，并在宫城之内"❷。

❷《唐六典》卷七。

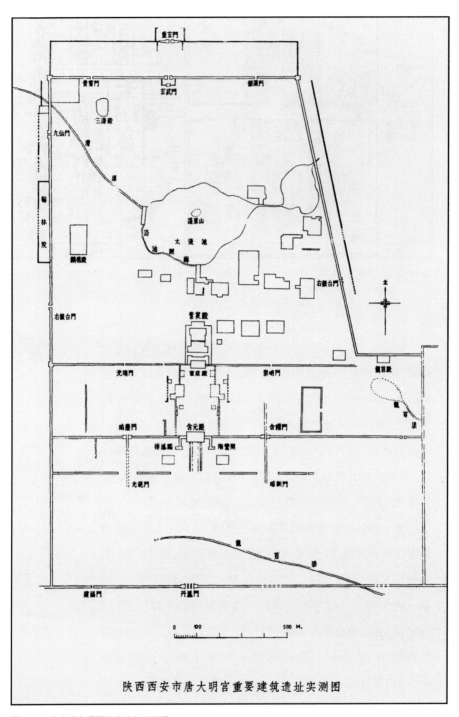

陕西西安市唐大明宫重要建筑遗址实测图

图 3-02 唐大明宫重要建筑遗址实测图。
原载刘敦桢主编《中国古代建筑史》（第二版）

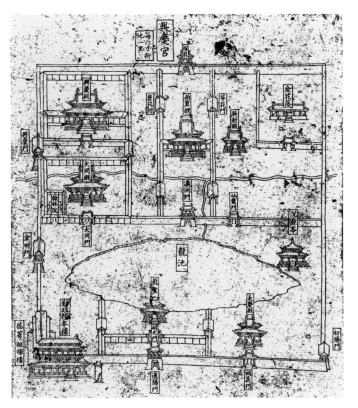

图 3-03 北宋元丰三年（1080）《唐兴庆宫图》碑刻（反相）。
西安碑林博物馆藏

唐长安另一重要宫城大明宫，也是附有官署区的，设有门下省、史馆、宏（弘）文馆、中书省、舍人院等机构和院落。❶吕大防绘制的另一幅地图《兴庆宫图》上，左边（西侧）大同殿区域，也有翰林院的存在。（图 3-02、3-03）

北宋时，东京城除了外城，城市中心偏北是核心区域里城，❷里城北部为宫城（大内）；从而形成了三重城墙的格局。宫城内也是按照三朝制度，设外朝于正殿大庆殿，中朝在正衙文德殿，常朝在垂拱殿，又有前殿紫宸殿。❸

北宋与唐朝一样，既有宫城（大内），也有皇城（官署区）。根据《宋会要辑稿·方舆》《宋史·地理志》《新刊大宋

❶ [清] 徐松：《唐两京城坊考》卷一，上海商务印书馆 1936 年丛书集成初编本。

❷ [清] 徐松辑：《宋会要辑稿·方舆》一："旧城，周回二十里一百五十五步……国朝以来，号曰阙城，亦曰里城。"刘琳等校点本，上海古籍出版社 2014 年出版。

❸ [元] 脱脱等：《宋史》卷八五《地理志》，中华书局 1985 年点校本。

宣和遗事》等文献记载，宫城和皇城应是不同的两个概念，"宫城周回五里"，皇城则"周回九里十三步"。又据《宋刑统》卷七记载，对于违犯东京城门开启制度的人，"其皇城门减宫城门一等，京城门又减皇城门一等"，"诸于宫城门外若皇城门守卫，以非应守卫人冒名自代及他人代之者，各徒一年"。再有，考古发掘揭示，"在今龙亭湖一带，探出了一道宋城城墙基址……周长2500米左右，约合北宋五里……应为文献所载的'周回五里'的宫城"。而根据《东京梦华录》对东京厢坊布局的研究成果推测，"（北宋）皇城的东西跨度共计1570米左右。其南北跨度……约900米。这样，皇城周长近5000米，与《新刊大宋宣和遗事》所载的'九里十三步'大致吻合……则北宋皇城从东、西、南三面环卫宫城"。❶

　　北宋宫城内设有中央官署区，这并没有改变类似唐朝皇城与宫城的那种关系和实质。《宋史》记载："宋承唐制，抑又甚焉。三师、三公不常置，宰相不专任三省长官，尚书、门下并列于外，又别置中书禁中，是为政事堂，与枢密对掌大政。"❷可见尚书省、门下省等重要官署在宫城（禁中）内外均有设置。

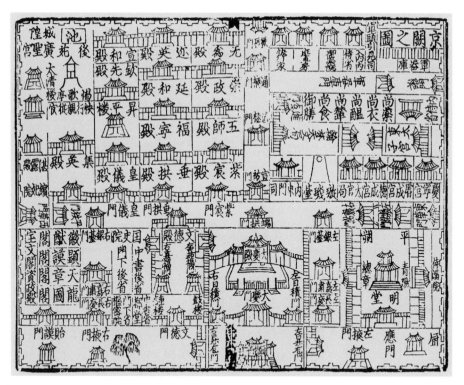

图 3-04 陈元靓《新编纂图增类群书类要事林广记》记载的汴京《京阙之图》，很明显，北宋大内格局对照唐长安太极宫和大明宫的布局特点，在有关朝政的事理逻辑上是一脉相承的。
元至顺年间西园精舍刊本，日本国立公文书馆藏

如今我们已看不到宋代留存的有关北宋宫城的地理图，但从传为宋代陈元靓所作的《新编纂图增类群书类要事林广记》中保存的一幅《京阙之图》上，有关北宋宫城的格局和式样，还是可见一二的。（图 3-04）

从这幅《京阙之图》上可以清晰看到，在北宋最重要的宫殿大庆殿的左侧，靠近文德殿一带有中书省、都堂、中书后省、门下省、枢密院、门下后省和国史院等中央官署，由此形成了一个"外朝区"。在大庆殿右上的宫廷服务区内，还有翰林天文局这样的官署存在。很明显，《京阙之图》显示的北宋大内格局对照唐长安太极宫和大明宫的布局特点，在有关朝政的事理逻辑上是一脉相承的。

然而，到南宋定都临安后，皇城与宫城这两个不同的概念被变异混同了。

一个明显的案例是，官修的《咸淳临安志》对于皇城与宫城的概念出现了差异：该书目录中是"宫城图"，但在同书卷一的地图题名上，却是"皇城图"（参见第一章图1-06）。由此也反映出这两个概念其实已经混合为一了。这也意味着"宫城"与"皇城"，在南宋临安基本上属于同义词。

再有，唐长安中央官署集聚区——皇城，在南宋临安已经看不到任何影子了。《咸淳临安志》中的《皇城图》清楚地表明，中央官署虽然相对集中在皇城北门和宁门至朝天门之间，吴山东麓至御街一带（有三省六部五府等），以及吴山北麓至清河坊一带（有秘书省和府治等衙署），但和民居、商铺、酒楼、瓦子等非官衙办事场所相混而处。

《咸淳临安志》的另一幅《京城图》（参见第二章图2-02）则表明，相比唐长安位于皇城内的太庙和社稷，临安城内的太庙还在"南大内"和"北大内"之间，但社稷（社坛）却已偏处城市东北，与大内相距甚远。在南宋皇城中，除了出于侍读皇帝需要而保留的学士院之外，像中书省等重要官署全部被"剥离"，连一些宫内服务保障机构如翰林司、皇城司、军头司等，也被迁出宫城，设在城东和城北一带。

南宋皇城在听政理事方面的朝堂宫殿，与隋唐和北宋一样沿袭了周礼的三朝制度，稍有变化，仍分作三个层面：外朝文德殿，为"六参官起居，百官听宣布"之正衙（但这座宫殿同时又"随事揭名"，拥有四块牌子：紫宸殿"上寿"、大庆殿"朝贺"、明堂殿"宗祀"、集英殿"策士"），常朝垂拱殿，为"四参官起居"，内朝又有崇政殿（即祥曦殿）和选德殿等。❶但除了对这一朝政传统的继承之外，我们对比《太极宫图》和《皇城图》可以发现，唐长安中央官署的皇城概念在南宋临安已彻底变异，而且唐长安按照"里坊制"营建的官署建筑格局，也已荡然无存。

❶《咸淳临安志》卷一。

二、南宋皇城很大，也很小

以前有种说法，南宋是个偏安一隅的小朝廷，其中一个表现就是皇城范围和规模的偏小。但实际情况究竟如何？

南宋皇城的四至范围（不包括宋高宗在绍兴末修建的

"北内"德寿宫），杭州市考古部门根据田野考古发现，已得出具体方位的结论，东西直线最长约 800 米，南北直线最长约 600 米。[1]

但这个结论并未形成统一认识。张劲根据其对南宋皇城范围的考证，并对照《中国城市地图集·杭州市区图》及其比例尺，测算出南宋皇城东西宽约 1093 米，南北长约 698 米。[2]这其实是根据文献记载并参照一些学者研究观点测算出来的数据，相比考古部门的数据要大出很多。杭州市考古部门的认定，南宋皇城东城墙位置在今馒头山东麓山脚下，而不是张劲现在认定的在今馒头山以东一二百米外的中河一带。

回头再看唐长安的宫城范围大小。太极宫（即隋大兴宫）东西宽 2820 米，南北长 1492 米。其宫城以南即官署区皇城，东西距离与宫城等宽也是 2820 米，南北长 1843 米。[3]唐高宗扩建的大明宫南宽北窄，西墙长 2256 米，北墙长 1135 米，东墙由东北角向南偏东 1260 米，东折 30 米，然后再南折 1050 米与南墙相接，而南墙长为 1674 米，[4]这是一个连明清故宫都未能超越的规模。唐玄宗营建的兴庆宫与太极宫、大明宫

[1] 杜正贤：《南宋都城临安研究——以考古为中心》，上海古籍出版社 2016 年出版。

[2] 张劲：《两宋开封临安皇城宫苑研究》，齐鲁书社 2008 年出版。

[3] 中国科学院自然科学史研究所：《中国古代建筑技术史》第十二章，科学出版社 1985 年出版。

[4]《中国古代建筑技术史》第十二章。

相比，是属于面积最小的宫城，它的东西宽 1080 米，南北长
1250 米，其中南区正中的椭圆形龙池东西宽 915 米，南北长
214 米，面积达 18.2 万平方米。❶

　　由此可见，唐长安三处宫城中即使面积最小的兴庆宫，
也要比南宋皇城大出一倍左右。但有一个应引起注意的事实
是，南宋皇城相比北宋宫城，至少在占地面积上并无落后。

　　再看北宋宫城的范围（不包括宋徽宗宣和年间所修的位
于宫城北墙之外的延福宫在内），如果不考虑可能存在的皇
城区域，仅考虑帝后起居的大内概念，有学者根据考古探测
得出，"北宋皇城（本书作者按：当指宫城，即大内）呈一东
西略短、南北稍长的长方形，四墙全长 2521 米左右"，东、西
城墙长度基本一致，"全长约 690 米"，南、北城墙长度也基
本一致，"全长约 570 米"。❷ "四墙全长 2521 米左右"，即
文献说的"周回五里"。

　　由此对比两宋宫城（大内）的面积大小，无论是参照张
劲先生的南宋皇城东墙在今中河一带的测算（取其大约数
1100 米 ×700 米），还是以考古部门认定的皇城东墙位于今
馒头山东麓山脚的测算（800 米 ×600 米）来看，南宋皇城

❶《中国古代建筑技术史》第十二章。

❷ 丘刚、董祥：《北宋东京皇城的初步勘探与试掘》，丘刚主编《开封考古发现与研究》，中州古籍出版社 1998 年出版。

东西和南北的长宽度均明显要大于北宋宫城（取其大约数700米×600米）。

这里需要修正的是，地处凤凰山和馒头山的南宋皇城是个山地和坡地环境，所占地域的四至边角肯定无法截取直线来界分，也即它不可能像北方大平原环境中的宫城规划，可以采取十分规整的直线界分做法，南宋皇城的实际占地面积会因为边角弧线的"内弯"或"内切"而减少。因此，参照上述两宋宫城（大内）四至范围的数据对比，南宋皇城的实际占地面积并不会比北宋宫城大很多，两者范围大小的不相上下，应该是合理的。（图3-05、3-06）

两宋宫城（大内）范围大小的不相上下，这是以往没有受到关注的一个客观事实，这也带来了一个历史的可能，即在当时人们的直观感觉上，并不会觉得在凤凰山东麓一带择地建宫，空间尺度上会明显过小。

然而，事实是南宋皇城的大型建筑数量和建筑形制规模，均不如北宋东京宫室。那为什么南宋皇城还是"小"了呢？

如果考虑到唐宋宫城所处的具体地理环境，我们就会明了，真正影响南宋皇城建筑规模和数量减少的原因，并不是

图 3-05 从馒头山方位西望
凤凰山一带。
宣佳宁航拍

图 3-06 从凤凰山东侧方位
西看馒头山一带。
宣佳宁航拍

其占地面积的大小，而是杭州凤凰山东麓的地形条件，即山地和坡地造成了南宋皇城建筑容积率的大为减小。

南宋皇城主要宫殿布局在凤凰山和馒头山两山夹峙之间的今凤凰山脚路的两侧小平地上（馒头山东麓皇城东城墙位置有争议，在此姑且不论），经百度地图测距，该平地东西宽在 300 米左右——如此尺度的实用空间，明显小于东西宽约570 米的北宋宫城。因而，南宋皇城的建筑容积率、土地利用率，均低于隋唐和北宋宫城所处的平原地带。而北宋宫城占

63

图 3-07 西安大明宫主殿含元殿遗址。
姜青青 摄

地面积虽然较小, 但它仍然能容纳一系列宫殿建筑群, 甚至像大庆殿这样最主要, 也是东京最高大的建筑物, 考古发掘表明, "深埋于地下的凸字形建筑台基东西宽约 80 米, 南北最大进深 60 多米"❶。而唐长安最宏大建筑大明宫含元殿, 其现存台基遗址"底部石砌包壁的长度可达东西长 76.8、南北宽 43 米"❷。相比之下, 北宋宫城大庆殿在规模上有过之而无不及。(图 3-07)

可见, 南宋皇城的"小"是事出有因的, 是因为它所处凤凰山这种山地地形所造成的。如此之"小"也导致了其重要建筑出现了两方面"变异"现象:

最明显的是宫室制度的"权变"。宫城中的每一座宫殿, 一般都有其特定的政治含义和使用功能, 并成为一种宫廷制度, 不能轻易变更。但南宋皇城的宫殿制度则成为一种"另类"。据《宋史》记载, 南宋皇城的垂拱殿、大庆殿、文德殿、紫宸殿、祥曦殿和集英殿这六殿, "随事易名, 实一殿"; 重华宫、慈福宫、寿慈宫、寿康宫这四宫, 重寿殿、宁福殿二殿, "随时异额, 实德寿一宫"; 延和殿、崇政殿、复古殿、选德殿这四殿, "本射殿也"。❸这种"随事易名"现象在南宋皇城

❶丘刚:《北宋东京皇宫沿革考略》,《史学月刊》1989 年第 4 期。
❷中国社会科学院考古研究所西安唐城工作队:《唐大明宫含元殿遗址 1995 - 1996 年发掘报告》,《考古学报》1997 年第 3 期。

❸《宋史》卷八五《地理志》一。

中成为家常便饭，但在中国历史上却极为罕见。

　　还有就是建筑形制的"缩水"。山地地形对于南宋皇城建筑规模的制约，也是十分明显的。文献记载，高宗在绍兴初年修筑的行宫非常简朴，宋金和议之后开始营造的垂拱殿和崇政殿，"其修广仅如大郡之设厅"。孝宗淳熙年间虽有重修，但规制一如其旧。这两座皇城中最重要的朝政大殿，"每殿为屋五间，十二架，修六丈，广八丈四尺。殿南檐屋三间，修一丈五尺，广亦如之。两朵殿各二间，东、西廊各二十间，南廊九间。其中为殿门，三间六架，修三丈，广四丈六尺。殿后拥舍七间"❶。

　　这是有关南宋皇城最详细的宫殿建筑尺寸记录，建筑学家郭黛姮据此推测垂拱殿院落的宽度约合 58 米、深 48 米，并认为这样的尺度对于中等规模的建筑群是合适的。❷而对照北宋宫殿的建筑尺度，南宋垂拱殿院落（崇政殿同等规模）的整体宽度，只有东京大庆殿建筑台基的四分之三左右，也即"其修广仅如大郡之设厅"，足见南宋宫殿建筑形制缩水的严重性。

　　再有，作为重要仪门和王朝脸面的宫城正门，像唐长安

❶ ［宋］李心传：《建炎以来朝野杂记》乙集卷三"垂拱崇政殿"条，中华书局 2000 年点校本。

❷ 郭黛姮：《中国古代建筑史》第三卷《宋、辽、金、西夏建筑》（第二版），中国建筑工业出版社 2009 年出版。

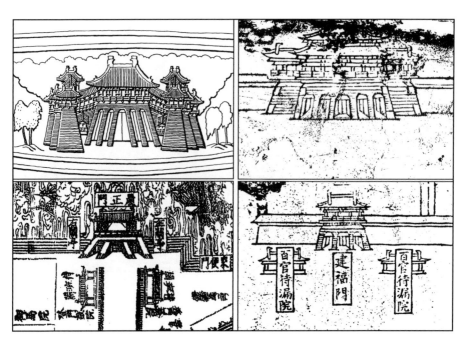

图 3-08　北宋元丰三年（1080）吕大防等绘《长安志·兴庆宫图》碑刻上的大明宫丹凤门（右上）和建福门（右下）；辽宁省博物馆藏北宋铜钟上的宣德门（左上，傅熹年摹绘），宋版《皇城图》上的丽正门（左下）。

大明宫丹凤门、北宋东京宫城宣德门，城楼均为五城门形制。但在南宋皇城，因为地处山地和行宫的临时性等缘故，"大内正门曰丽正，其门有三"[1]，已减少为三城门，其形制只相当于大明宫百官上朝进出的建福门的等级。（图 3-08）

三、"一池三山"的蜕变

皇城大内是怎样的格局和面貌，世俗中少有知晓者。南宋宁宗时，寓居临安城的江湖派诗人刘过，偶然中结识了殿前都指挥使郭杲。刘过想通过这位掌管大内禁军的长官见识一下宫禁内情。但郭殿帅是位有原则的人，他带着刘过从临安城南门嘉会门而入，却从皇城正南门丽正门、便门和西华门前过了不入，只沿着皇城南面城墙根（今杭州宋城路）向

[1] ［宋］吴自牧：《梦粱录》卷八《大内》，杭州出版社 2004 年出版。

66

西而行。

他们一直上了凤凰山。一路上时雨时晴，走走停停，从西南山上的梅岩亭、海观亭走到西北角的望湖亭，但见满山梅花将残，桃李正新，却进不到宫内的前朝后苑。刘过明白，凤凰山已属宫中御苑，今天若不是郭杲引路，自己断难走到此地，想要进到官家殿前殿后，门都没有。于是他明着观景揽胜、寻花问草，暗中却在凤凰山上的岩壁树林间搜寻皇城的一边一角。那么，刘过最后看到皇城大内了吗？

刘过此行回去后写了两首诗，其中《同郭殿帅游凤凰山》有写道："廉纤小雨久于梅，喜得新晴亦快哉。五色波光丽鹓鹊，十分云气近蓬莱。旌旗侧畔宫墙转，戈戟丛中武库回。走马看花生怕晚，果然桃李一山开。"[1]另一首《郭殿帅邀游凤凰山》中说："青林路入转岧峣，'湖亭''海观'争为高。谁知凤舞龙飞外，别有楼阁横云霄。回旋左右皆游历，人物江山两英特。风流标致梅岭梅，磊落襟怀石林石……"

从这两首诗看，刘过在凤凰山上辛苦转了一遭，只跟皇城城墙擦了个边，看了一个云雾缥缈的虚幻，除了山上的几座亭子之外，皇城究竟啥样子，他愣是说不上来。

[1]《咸淳临安志》卷二二。

不过，我们还是要留意了，刘过"十分云气近蓬莱"这句诗把皇城景象比作蓬莱仙境，还是很有些说头的。

原来，自汉代以来，皇宫园囿的营造往往人为开挖大湖，堆筑岛屿，形成"一池三山"格局，以像海中三神山。隋大业元年（605）五月，隋炀帝在东都洛阳"筑西苑，周二百里；其内为海，周十余里；为蓬莱、方丈、瀛洲诸山，高出水百余尺，台观殿阁，罗络山上，向背如神。北有龙鳞渠，萦纡注海内……堂殿楼观，穷极华丽"。[1]隋朝的这处宫苑建设虽在洛阳，但这种高处建宫殿、低处修池沼的思路和手法，既承续了汉代宫苑的营造理念，也为后来的宫城营造打了一个样本。

唐承隋制，唐长安大明宫的建造，挖成东西太液池，面积广大，池中建有蓬莱岛。宫中开挖大湖，既是为了帝后嫔妃日常游赏观景的需要，也是宫廷救火消防之备。为此，历代宫苑建设中，开挖一定规模的湖泊成为一种标配。（图 3-09）

但唐长安兴庆宫（南内）的湖池稍有不同。因为兴庆宫占地规模比大明宫要小很多，虽然也建有一龙池，却无蓬莱之类的神山仙岛。虽然如此，但池北的"瀛洲门"和"仙灵

[1] ［宋］司马光等:《资治通鉴》卷一八〇，中华书局 1956 年校点本。

图 3-09 西安大明宫含元殿北部的太液池（东池）。
姜青青 摄

门"，也足见此地主人的一种愿景。龙池东北有一小高地，筑有沉香亭，是最主要的观景点（参见本章图 3-03）。长安城东南隅贞观中又建有皇家园林曲江池，唐玄宗经常从兴庆宫到曲江池之间的夹城通过，前往游赏。但曲江池又非纯粹的皇家园林，它的西岸部分对公众开放，成为类似现代公园的概念。

北宋宫城中没有大型池沼，只是在其西北角有一规模较小的水池，筑有瑶津亭，算是瀛洲山池的一个象征。太平兴国三年（978），汴京城西开凿金明池，之后金明池成为皇帝乘坐龙舟、观习水战的御用湖泊。但北宋后期，金明池又成为皇帝泛舟游湖、观赏水戏和龙舟竞渡的场所，并逐渐成为东京城内半开放的公共游乐场所。这与唐长安曲江池东部为御苑，西部对公众开放的情形，非常相似。

南宋皇城仍然保留湖池这样的宫苑标配，无论"南内"皇城，还是"北内"德寿宫，都十分划一地建了一个小西湖（其中"南内"小西湖面积约十亩）。湖中可行龙舟，但没有任何岛屿建设，似乎舍弃了"一池三山"的营造格局。

69

出现这种蜕变是因为南宋皇城受到山地环境的制约，宫室建筑占据了更多的可建平地，余下有限地域不足以营建类似"湖中有岛"的大场景。南宋皇城虽无蓬莱三山之类的营造，但并不是说这里面就没有类似的意境。

宋孝宗赵昚曾为德寿宫赋诗一首，极言其园林之胜，也为后人摹绘了德寿宫最初的园林景象。其中有几句说："规模绝似灵隐前，面势恍疑天竺后。孰云人力非自然，千岩万壑藏云烟。上有峥嵘倚空之翠壁，下有潺湲漱玉之飞泉……圣心仁智情优闲，壶中天地非人间。蓬莱方丈渺空阔，岂若坐对三神山。"❶形容这里的意象甚至比蓬莱三山还要让人羡。可以说，德寿宫作为帝王宫苑，它的营造格局上追汉唐，还是很"规范"的。

南宋皇城还别出心裁为自己营造了一个新天地，这就是在建筑的精巧和精致上独辟蹊径。《梦粱录》记载："大内正门曰丽正，其门有三，皆金钉朱户，画栋雕甍，覆以铜瓦，镌镂龙凤飞骧之状，巍峨壮丽，光耀溢目。"❷但这更多的只是建筑外观的华美，尚不能反映它的别致之处。

南宋皇城的别致在它的江南园林特点。譬如，宫中数量

❶《咸淳临安志》卷二。

❷《梦粱录》卷八《大内》。

最多的建筑，竟然是小巧玲珑的亭子！一座宫城拥有的亭子达到 90 之数，这是一个空前纪录！这完全可以让后人觉得它们在宫内无处不在。文献记载，唐长安城内三处大内宫城，再加九成宫、曲江池和华清池等御园离宫的亭子，合计数量在 30 座左右。唐东都洛阳宫城的亭子数量则不足此数。北宋宫城中的亭子也只有 29 座，[1]都只有南宋皇城的三分之一左右。

因此，亭子这种形状多变、结构精巧、处地随机、宜游宜憩的园林建筑，应该是南宋皇城蜕变成具有显著园林特点的一个标志。结合其山美林秀的环境，我们可以将南宋皇城的特点定义为：一座江南山水园林式宫城。

此外，南宋皇城还以一种"跳出三界外"的方式，就近拓展皇城的另一种空间概念，即在西湖周边以及临安城其他一些地方，营建了多个皇家园林，如聚景园、玉津园、富景园、翠芳园、玉壶园、集芳园和延祥园等，其数量在隋唐以来也是最多的，从而最大程度上共享了清秀绝美、四季有景的西湖景观。（图 3-10、3-11）

在宫城之外，唐长安有御园曲江池，北宋东京有御苑金

[1] ［元］王士点：《禁扁》卷三，清康熙四十五年（1706）曹寅扬州诗局刊本。

图 3-10 南宋刘松年《四景山水图·夏景》。
故宫博物院藏

图 3-11 南宋刘松年《四景山水图·秋景》。
故宫博物院藏

明池，它们都在一定范围内对公众开放。而南宋时期的西湖，除了御花园基本不对外开放，其在更大空间上的开放性，与曲江池和金明池是相同的。当然，西湖的规模是曲江池和金明池不能比的，而且更重要的是，南宋西湖之美，使其他御苑池沼难以望其项背。从四时晨昏、雨雪风月、鸟语花香等自然风景的美妙和别致，到诗歌散文、绘画书法和十景题名等文化的厚度和高度，西湖都是无与伦比的。

图 4-01 "建炎后苑造作所印"铜印
（背款：少府监铸）。
浙江省博物馆藏

第四章
南宋皇城骨子里的北宋"基因"

一、从俭朴走向壮丽

南宋皇城是在一块"白地"上全新营造的。

赵构在临安城最初的"行宫"是比较现成的。建炎三年（1129）二月十三日，从扬州一路南渡的他初到杭城时，即以原杭州州治为行宫。这州治原先就是五代吴越国的王宫，所以基础完备，规制宏大，赵构在此起居应该是非常适宜的。浙江省博物馆藏有一方"建炎后苑造作所印"（背款为"少府监铸"）官印，它铸于扬州或杭州皆有可能，尚不清楚该印究竟用在何地，但由此可证明建

炎时赵构就有相关"后苑"的建造和经营。(图 4-01)

　　然而，后来金兵攻打到两浙地区，赵构逃离临安，到建炎四年（1130）二月临安城被北撤的金兵放火烧了三天三夜，原有州治建筑"焚荡之余，无复存者"❶，已是一片废墟。绍兴元年（1131）十一月五日，在绍兴府（今浙江绍兴）住了一年多的赵构下诏称："绍兴府驻跸日久，漕运艰梗，军兵薪水不便，可移跸临安府。"❷虽然当时南宋都城并未确定，但一个全新皇城的营造，已经拉开了序幕。

　　最初因为自己行踪不定，国家财用不足等客观条件的限制，赵构营建宫殿时还是比较节俭的。绍兴元年（1131）十一月八日，他命内侍杨公弼与权知临安府徐康国在临安创建行宫。最初的重建方案，徐康国规划营造各种殿宇 100 间，但遭到杨公弼的反对，提出必须营造 300 间。两人争执不下，后被高宗敲定为 100 间，并要求"务简约，去华饰"❸。

　　赵构入住凤凰山宫室后，很多建筑又陆续添造，但也只是满足于最低的基本需求。譬如，绍兴三年（1133）为了百官上朝遮风避雨的需要建造了待漏院和廊庑，绍兴四年（1134）为了供奉先帝牌位的需要营建了太庙，绍兴九年

❶《建炎以来朝野杂记》乙集卷三。

❷［清］徐松辑《宋会要辑稿》礼五二。

❸［宋］王应麟：《玉海》卷一五八，江苏古籍出版社、上海书店 1987 年影印清光绪九年（1883）浙江书局本。

图 4-02　南宋太庙遗址出土的雕龙柱础。
姜青青 摄

图 4-03　南宋萧照《中兴瑞应图》讲述"靖康之变"时韦妃"黄罗掷将"，以占卜康王赵构出使金营的凶吉。
藏者未明

（1139）为了迎接将被金朝释放归来的韦后（赵构亲娘）营造了慈宁殿，绍兴十年（1140）为了保存徽宗皇帝的御笔图籍及宝瑞之物而兴建了敷文阁，这些都是日常朝政和尊祖孝先不可或缺的基本建设。在文德殿未建之前，赵构每天召见群臣、议决朝政的大殿，仅有一座垂拱殿。而像绍兴四年（1134）暂且以射殿为景灵宫的情况，以及在校场建明堂行礼殿，更透露了当时营建皇城时遇到的诸多艰难和无奈。（图4-02、4-03）

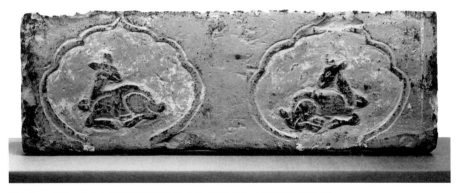

图4-04 1995 年在中山南路杭州卷烟厂出土的"鹿纹砖",在南宋皇城遗址出土的各种建筑构件中较为罕见。
姜青青 摄

　　以绍兴十二年（1142）为限,随着与金朝达成"绍兴和议",宋金战事的停歇,宋金之间出现了来之不易的近二十年的和平岁月。南宋政权稳固,赵构的宫室营造规模也逐渐宏大起来。而且,在新建宫殿时,节俭一说似乎再无提及,甚至不乏对已有建筑大规模拆除、推倒重来的例子,如内侍王晋锡建崇政殿和垂拱殿时,就在原地拆迁了 247 间屋宇。❶可见这两座重要宫殿的建设规模以及规划选址,远远超出了之前在此的营造思路和建筑现状,而为了新的宫殿建设需要,不惜拆平原址上的一切固有建筑,可谓是一次规模甚大的重建工程。而从另一个角度看,南宋皇城最初营建时的"一百间"规模,也早已被突破了。（图 4-04）

　　孝宗皇帝赵昚时的南宋皇城的建设,基本上属于拾遗补缺,譬如太子东宫的营建,游憩宴饮场所的辟建,后苑和皇家园林的修建,先帝御笔图籍等物保藏处所的新建,以及宫中殿宇的改建、扩建或重建等。

　　其中东宫的营建后来成了又一个规模突破先例的典型事例。

　　建造东宫的动议最初是在绍兴三十二年（1162）五月,

❶《宋会要辑稿》方域二之一六,王应麟《玉海》卷一六〇作"一百四十七间"。

77

当时赵构册立赵昚为皇太子，曾下诏让人查考有关东宫的典章制度。可是没个把月，赵构就让位退居德寿宫了。所以赵昚身为太子时，根本没来得及住上属于太子的东宫。

乾道元年（1165），已经做了两年官家的赵昚，册立自己长子赵愭为太子，又要查找北宋东宫的营建制度了。此时离"靖康之变"都快四十年了，可是礼部太常寺，还有工部等相关机构，愣是没找到可以参考的档案资料。弄了老半天，只找到了一名平时无人待见的武官老臣张孝杰，还能对徽宗政和年间的东宫建筑形制说上一二，但也只限于厅堂以及东宫官属侍从的屋宇这几种次要建筑。

这边一堆官员还没搞出东宫的眉目来，那边太子却出大事了。乾道三年（1167）七月，赵愭生病了，本来也不算严重，但碰上个庸医用错了药，结果年纪轻轻才二十四岁的他，竟然撒手人寰了。他死后被葬在南屏山北麓（今太子湾公园），因而这次的东宫营造又搁浅了。

乾道七年（1171），赵昚三子赵惇做了太子。这次，东宫总算是建起来了，先是在皇城丽正门内的东边，划定区域，建成了东宫宫门。到淳熙二年（1175），又新建了射堂，是东宫

图 4-05 北宋燕文贵《烟岚水殿图》局部，可见一组建筑密度和规模都很大的宫殿群。原载谢稚柳编著《唐五代宋元名迹》

园林式的游艺场所。接着建成了荣观堂、玉渊堂和清赏堂，以及凤山楼。至此东宫才初见规模。（图 4-05）

　　但接下来的事情就有些失控了。

　　淳熙十六年（1189）二月，赵昚退位当了太上皇，赵惇上位登基（庙号光宗）。之后因为他的皇后李氏干政，里里外外，家事国事都被搞得一团糟。绍熙五年（1194）七月，一群忍无可忍的大臣拥立嘉王赵扩登基（庙号宁宗），等于硬是把赵惇赶下了皇位。

　　作为赵惇儿子，新官家赵扩其实是不愿上位的，老爸被迫退位做太上皇他心存愧疚，于是便想方设法要让老爸怎么过得更好点。

太上皇赵惇临时住在皇城中的泰安宫。这年十月,赵扩想到封门多年的东宫,那原是太上皇做太子时的故居,如果将它好好装修翻新一下,太上皇住进去一定会更舒适些。于是下诏让人修葺旧东宫,并改称为福宁殿。

这原本无可厚非,哪晓得这道诏旨一出,泄露了一个细节,说是整修一下东宫旧房子,实际工程却十分铺张,计划营造"三数百间"房屋。当时东宫只占皇城东南一角,新建如此规模的建筑,不说是否具有可行性,对照一下绍兴元年(1131)整座皇城只建一百间殿宇的规模,数量上至少是惊人的。足见此时的皇城营建,早已抛弃了草创时期的因陋就简,而是热衷于奢华摆阔之风。

在宫中专为皇帝讲学的焕章阁待制兼侍讲的朱熹听说这事,上疏竭力反对。可惜,朱熹的奏疏落在了视他为眼中钉的权臣韩侂胄手里,结果他被勒令退休,撵出京城。

南宋宫城的基本格局与规模,是在赵构时期确定的,就那个样子了。但在"绍兴和议"之后,为了一个皇太后,揭掉了省俭的"标签"。进入南宋中期,又为了一个太上皇,营建规模失控,都有些忘乎所以了。

若不是囿于凤凰山一带丘陵河流的限制，这座皇城的最终规模，也许远不止此。

二、《营造法式》的承续

绍兴十五年（1145），知平江府（今江苏苏州）王晚动用府库资金刻印了一本书，叫《营造法式》。这在中国典籍文化史上是一桩大事！

王晚是秦桧的大舅子，靠着这层裙带关系他官运亨通。绍兴十二年（1142）十一月他在京城被任命知临安府以后，成了出名的"包工头"，连着大包大揽了几大工程建设。譬如绍兴十三年（1143）正月里，他在嘉会门外龙华寺西面（今南宋官窑博物馆附近），为官家营建了一座高等级建筑：祭天郊坛。皇帝贵为天子，君权神授，祭天是官家最隆重的礼仪活动，所以这项工程是很神圣的。

接着又是一项涉及皇城建造的工程。绍兴十三年（1143）五月二十五日，他为官家建成了一座摆席设宴的"燕殿"，建筑外观和工程质量均获好评，因此又官升一级。

　　之后还是一项大工程, 营建国子监和太学。这项工程是
秦桧提议的, 说是两年前岳飞因为"谋反"而被处死, 他位
于钱塘县官署西面(今庆春路城建陈列馆北侧)的宅第被朝
廷没收, 这块地正好可以拿来利用。绍兴十三年(1143)六
月, 王晚在岳飞故居基础上兴建了国子监和太学这两个国家
级工程项目。

　　因为基本建设"政绩"突出, 王晚虽然毫无土木工程的
专业背景, 甚至连"半路出家"都算不上, 但还是在这年八
月八日, 被提拔上调工部, 担任侍郎一职, 重点负责皇城的宫
室营建。接着又在这年底, 调任平江府知府。

　　担任平江府长官一年后, 王晚忽然发现一部与众不同的
书。当时搞土木工程的人接触最多的专业书, 是宋朝开国之
初喻皓写的《木经》。喻皓五代时就曾在杭州凤凰山下的梵
天寺, 巧妙地解决了一座木塔晃动不稳的技术难题。后来又
在汴京建造了有名的开宝寺木塔, 晚年写成的《木经》一书,
被匠师们奉为营造工程的圭臬, 欧阳修也称赞他是"木工第
一人"。

　　《木经》篇幅不大, 仅有三卷。而王晚发现的这部《营造

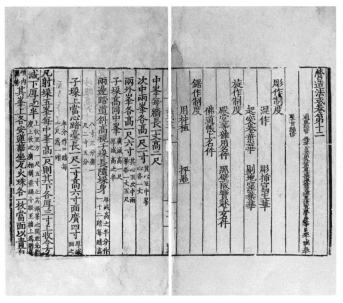

图 4-06　李诫《营造法式》，即使南宋刻本今也凤毛麟角，这是宋刻残本中的两页。国家图书馆藏

法式》，容量规模竟然是《木经》的十倍还多，达三十四卷。

　　《营造法式》作者是北宋将作监官员李诫。该书徽宗时首次雕印，原文照抄崇宁二年（1103）正月十九日颁布的一道皇帝敕令，[❶]通篇文字说明了《营造法式》一书的由来——

❶ 公诸于世的法令。

　　此书最初受命编写于神宗熙宁年间（1068—1077），成书于哲宗元祐六年（1091）。但哲宗皇帝对这书并不满意，认为书中只讲了如何控制建筑工料成本的办法，却没有对制作和使用建筑材料做制度性的规定。特别是对于工料的定额，标准太宽，以致无法杜绝舞弊行为。对此，李诫奉命对此书进行了重修。经过深入调研、反复审核，元符三年（1100）完成了重修，并最终得到了哲宗皇帝的认可。徽宗皇帝即位后，李诫认为这部书是一个营造制度和用工用料的规定，应该在全

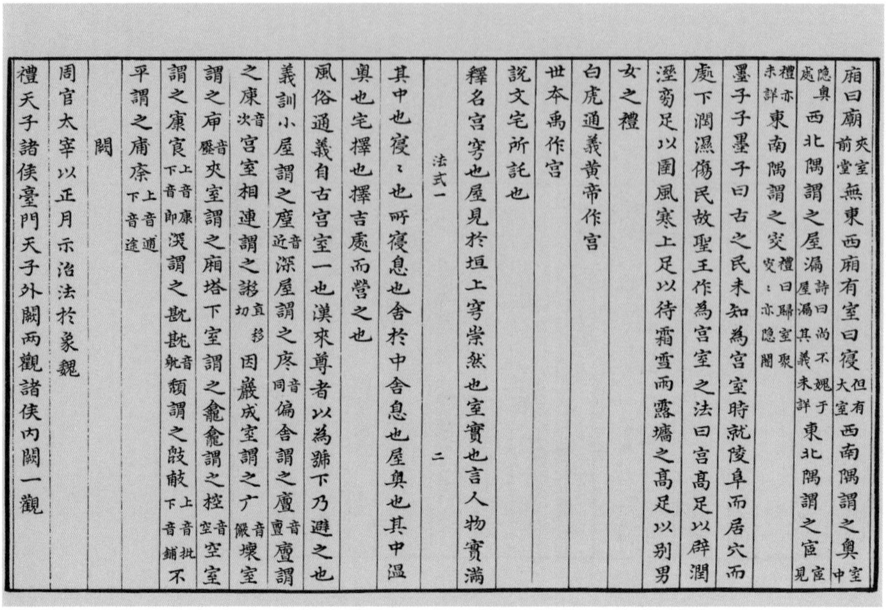

廟曰廟前堂無室曰寢大室有復 但有西南隅謂之奧 中室
隱奧西北隅謂之奧 諸書日尚不魏于 未詳
延奧西北隅謂之屋漏其隅 東南隅謂之宦 見宦
禮亦東南隅謂之屋漏謂之宦 曰歸室聚 未詳

墨子墨子曰古之民未知為宮室之法曰宮高足以辟潤
處下潤濕傷民故聖王作為宮室時就陵阜而居穴而
溼窮足以圉風寒上足以待霜雪而靈牆之高足以別男
女之禮

白虎通義黃帝作宮
世本禹作宮
說文宅所託也
釋名宮穹也屋見於垣上穹然也室實也言人物實滿

法式一
二

其中也度之也呎寢息也舍於中息也屋奧也其中溫
奧也宅擇也擇吉處而營之也
風俗通義古宮室一也漢來尊者以為稱下乃避之也
義訓小屋謂之廈近屋謂之廡重屋謂之廔
之康次宮室相連謂之廊
謂之庌廊塔下室謂之窌室空室
謂之廟壁夾室謂之廣廏壤室
謂之廩庾夾音岑既批顏謂之
平謂之庸下音康
閣

周官太宰以正月示治法於象魏
禮天子諸侯臺門天子外闕兩觀諸侯內闕一觀

图 4-07 李诚《营造法式》广征博引文献中对宫阙等建筑的释名。
故宫博物院藏清初影宋抄本

国各地加以推广应用，所以请求雕版刊印。他的建议最后得
到了皇帝和三省官员的同意，于是就有了这道"敕令"。（图
4-06）

可见，这是一部得到大宋三代皇帝"点头"认可的法定
营造制度。李诚在序言中说，在大国京都，九重宫阙的营造，
必须筹划好内部宫寝的布置和外部宗庙、朝廷建筑的次序和
位置；各类官署建筑要相互联系，按序布局……宫室在建造
中，手艺再巧的工匠也难免会有走样的时候；主管工程的官
员，也不可能兼通各类工种。在这里，李诚点到了当时土木营
建中的一些弊病。

书的第一卷，李诚先对建筑类型上的宫、阙、殿、堂、楼、
亭、台、榭、城、墙等等专业名词，引用大量文献一一做了解
释。名正才能言顺，对于专业性极强的土木工程，这本书在

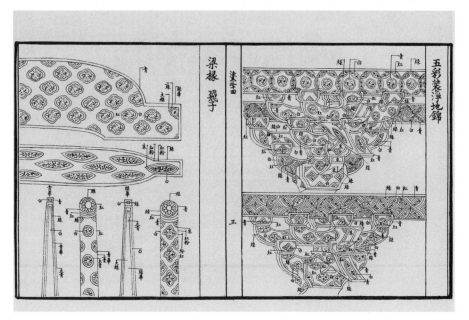

图 4-08　李诫《营造法式》斗拱图样及其色彩标注。
故宫博物院藏清初影宋抄本

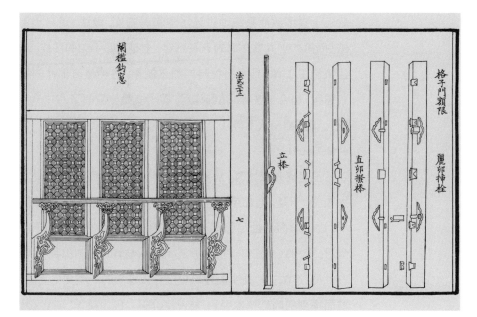

图 4-09　李诫《营造法式》阑槛（即栏杆）钩窗及格子门窗做法图样。
故宫博物院藏清初影宋抄本

图 4-10 李诫《营造法式》天宫壁藏图样。
故宫博物院藏清初影宋抄本

做名词解释时，等于也是立下了一个重要标准（图 4-07）。之后几十卷细致而系统地讲述了建筑的制度、做法、用料和用工。而第二十九卷之后的五卷内容，全是精心手绘的图样，从建筑施工工具，到木石材料的加工制作，各种建筑部件的样式图案、组合工艺等，精细详尽，整个就是一看明了的"施工图"。工匠即使认不得几个字，依样画葫芦也没啥大问题。（图 4-08、4-09）

王晚离开京城时，从皇城宫室到各大官署的工程建设方兴未艾。于是，他让手下官吏陈纲负责对这本书的文字和图样，进行全面校勘和整理。在《营造法式》首次雕印四十多年后，于绍兴十五年（1145）五月再次被官方刊刻出版。

《营造法式》是中国建筑史上让人尊崇的一座文化高峰。前面提到的喻皓《木经》，宋人评价是"极为精详"。而《营造法式》有过之而无不及。

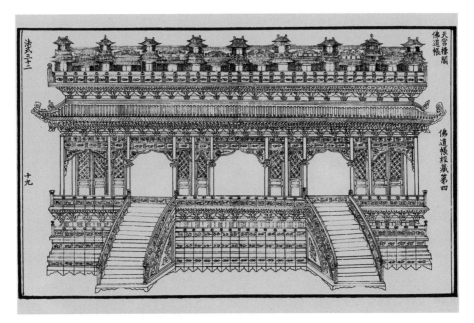

图 4-11 李诚《营造法式》天宫楼阁图样。
故宫博物院藏清初影宋抄本

　　《营造法式》来之不易,李诚虽说有的是官方资源,却耗
费了三十年左右的时间编写,从年富力强一直写到垂垂老矣,
耗尽了他最具创造力的年华。中间因为皇帝的不满意,还返
工了一次。"靖康之变"天下涂炭,《木经》从此失传,《营
造法式》也几近失传。现在王晚对《营造法式》及时加以整
理重刊,李诚以及无数能工巧匠的经验和智慧,得以从濒临
失传中挽回,一代最高技术水平的国之瑰宝,得以全真再现,
绝地重生,这太让人振奋了!所以,这是王晚干的一件最有
"功德"的事。

　　对正在如火如荼营建的南宋皇城来说,《营造法式》的
重刊正当其时。皇城正在建设或将要建设的大多数宫室建筑,
有了《营造法式》这样一整套非常严谨、系统和完备的祖宗
制度,工程的规范性、准确性和科学性大大提高。反过来也可
以说,《营造法式》因为正当需要,大有用武之地,也焕发了

墓室　第三级台地

五级拜台

上官　第二级台地

享殿

殿门

下宫　第一级台地

图 4-12　兰若寺大墓地面建筑复原模型和大墓布局图示

新生。(图 4-10、4-11)

　　但问题也接踵而来,南宋皇城的营建是否参照了《营造法式》? 虽然这个问题未见任何文献记载,但作为一部北宋三代皇帝过问的官方规制性建筑书,南宋皇宫势必会以此为准绳来建设。而近年来的考古发现,又间接佐证了南宋皇城在营造上,肯定是承续和施行了《营造法式》的相关制度和工程标准的。

　　2016 年,在浙江绍兴柯桥相距"宋六陵"遗址仅六公里的地方,发现了兰若寺南宋大墓。(图 4-12)

　　据主持这场考古勘探工作的浙江省文物考古研究所罗汝鹏博士介绍,兰若寺大墓的价值主要体现在两方面: 第一,它属于已知南宋时期最高规格的墓葬,是宋代南方特色丧葬理念体系下,最具代表性、规模也最大的经典案例,汇集了这一类丧葬制度的所有因素,是集大成者; 第二,数量庞大的

令拱 ·····
慢拱 ·····

瓜子拱 ·····
泥道拱 ·····

········ 昂

栌斗 ·····

图 4-13 陶仿大木作斗拱零件,据兰若寺大墓出土构建复原的整组宋式斗拱模型

建筑构件都是南宋时期高等级、甚至皇家级别建筑实物的高仿再现。他认为,南宋现存建筑本就不多,兰若寺大墓中的建筑构件是对南宋建筑形制最直接、最具象的表达,是一本活着的《营造法式》。

兰若寺南宋大墓的发现,让中国古代建筑史上的"高峰"在此留下了一抹触手可及的"影子"。

兰若寺大墓的考古发现,不但在《营造法式》的"壕寨制度""石作制度"和"大木作制度"图样释读上会有借鉴和佐证,还能进一步在小木作、瓦作、泥作、砖作、窑作等诸作

图 4-14 陶仿小木作球纹（右起两扇）和方胜纹的格子门，在《营造法式》（下图，故宫博物院藏清初影宋抄本）图样中有相似款式

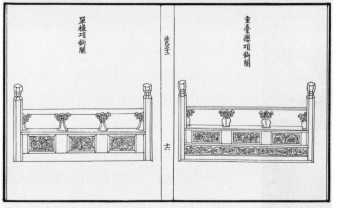

图 4-15　石作单钩栏杆与《营造法式》（下图，故宫博物院藏清初影宋抄本）中的
　　　　图样非常接近

制度的研究上，更上一层楼。像大木作的一个重要构件斗拱，
兰若寺大墓出土的相关构件非常多，这种宋人直接使用的顶
级建筑要件实样（虽然只是按比例缩小的墓室构件），对于
《营造法式》的研究，应该比之辽、金、元的同类建筑部件更
具参考价值。（图 4-13、4-14）

　　我们今天讲述宋代城市文化，常会提到"勾栏瓦舍"。属
于宋代建筑小木作的这个勾栏长什么样，《营造法式》中有

图 4-16 石作构件（自上而下）：高浮雕牡丹花须弥座构件、雀替、云拱、莲花望柱

图绘示意。兰若寺大墓中也有石作勾栏部件的发现，两者相比，细节上各有不同，但结构式样上基本一样。许多出土的石作部件如高浮雕牡丹花须弥座构件，勾栏上的雀替、寻杖、云拱、瘿项、莲花望柱等，还有陶仿小木作格子门，对照《营造法式》中的相关图样，其式样和风格一脉相承。这些新发现都可以为《营造法式》的研究，提供重要的实证材料。（图 4-15、4-16）

又譬如砖作图样，《营造法式》有方砖品种与规格，砖墙的高厚度规定，城墙的构筑方法，房屋砖砌方法等文字上的叙述，却无绘制相应图样。而兰若寺大墓中的砖块，提供了砖块图案纹饰上诸多细节。像仙鹤纹砖、如意纹砖、卷云纹砖等出土花砖，让我们看到了宋人对自然生物高超的写实技艺和图案化的抽象

艺术水平, 而制作工艺上的细致和精良, 又极大地提升了这一方小小砖头的精美程度。(图 4-17)

还有像屋顶瓦作中的套兽、迦陵频伽 (即佛家所称妙音鸟, 人身鸟足状)、蹲兽和火珠等构件, 《营造法式》仅从建筑制度上规定了不同等级建筑上的使用规格, 其图样也未见绘制。虽然这些构件可能对宋人来说熟之又熟, 但后人未必有相同的认知。兰若寺大墓的考古成果也体现在发现大量的瓦作第一手实样和细节上, 而且像迦陵频伽与瓦当结合的构造, 更是今人在一般文献中难得一见的案例, 因而这些片瓦碎砾都弥足珍贵。(图 4-18、4-19)

兰若寺大墓考古现场还发现一处窑址, 墓中大量陶制建筑仿件, 当是在此就近烧造的。因而深

图 4-17 花砖 (自上而下): 仙鹤纹砖、如意纹砖 (三块)、卷云纹砖 (两块)

93

图4-18 瓦作屋顶构件：牡丹纹瓦当（左上）、迦陵频伽（右上，即妙音鸟）和兽头

图4-19 折枝花卉纹砖（贴塑果形砖饰）

究起来，《营造法式》讲到的窑作制度，也许能从中寻得一些蛛丝马迹。

那么，兰若寺大墓的墓主人是谁？现在考古工作者有猜测，他或许是宋理宗生父绍兴籍人赵希瓐（理宗即位时已去世多年，被追封为荣王）。考古工作者确信，兰若寺大墓随葬品的缺失也好，墓主人身份的谜团也好，都难掩它是我国发现的南宋时期规模最大、格局最完整的高等级墓地的地位。

从兰若寺大墓上述这些发现中，可以让人体会到以《营造法式》为蓝本的南宋皇城曾经也有的高雅意趣和精致工艺。

此外，我们还可以从传世宋画中，印证南宋宫殿建筑对于《营造法式》的应用。南宋画院画家李嵩，原是木工出身，被绍兴时期宫廷画家李从训收为养子，随其学画，曾任光宗、宁宗、理宗三朝画院待诏。他的《朝回环佩图》描绘的是一座临水宫殿，与传为北宋画家张择端绘的《金明池争标图》中的水殿非常相似，其构造多与《营造法式》吻合。下面我们从较为专业的角度❶对《朝回环佩图》上的这组宋宫建筑做一解析：

此画描绘殿中内侍退班的场景。画上殿堂群建在层叠构

❶解析文字据《宫室楼阁之美——界画特展》相关介绍，台北故宫博物院 2000 年编辑出版。

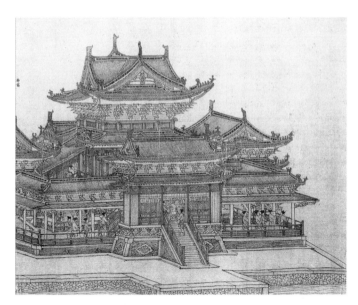

图 4-20 南宋李嵩《朝回环佩图》。
台北故宫博物院藏

筑、饰有浅浮雕花纹的台基上,台基底沿铺"压阑石"一周,
建筑转角处各设角石、角柱石。台基有收分,上面设有平坐,
平坐上再建五开间重檐歇山顶前殿。前殿地面略低于中央正
殿,于中间正对御座设踏道(即台阶)一座,两侧有斜坡垂
带石(宋人称作"副子")及朱红色勾栏,垂带石下直角三角
部分称为"象眼",是北宋前后官式建筑所用的砌造方式,与
《营造法式》所绘图案相同。(图 4-20)

　　画上前殿式样的建筑共有四座,殿与殿之间以廊道、勾
栏相联。殿内两侧各有台阶通入廊内,向后矩折,围成庭院。
庭院中心的正殿为重檐十字脊歇山顶大殿,整组建筑的平面
由此形成一个"田"字形。回廊廊檐向外挑出,勾栏周绕,廊
道台基下有排水孔,地面则要比各殿低五级左右台阶的高差。

　　后方中央十字脊正殿的檐头(建筑物屋顶最下部由勾头、
滴水构建组成的部位)略呈飞起之势,可清楚看到檐下内部
的檐枋、斗拱结构。承受屋顶瓦板的构件除檐椽外别加飞椽,

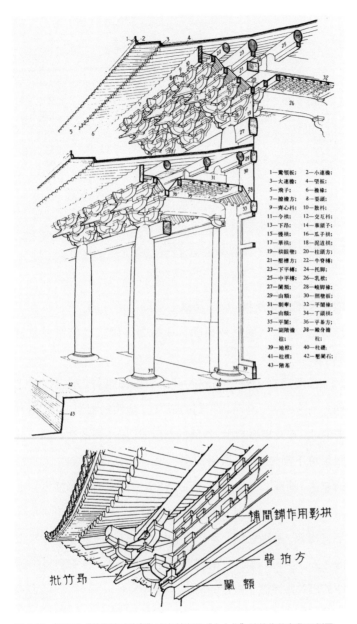

1—鹭领板；2—小连檐；
3—大连檐；4—领板；
5—飞子；6—檐椽；
7—檐槫方；8—要头；
9—齐心枓；10—散枓；
11—令栱；12—交互枓；
13—下昂；14—蜀柱子；
15—慢栱；16—瓜子栱；
17—华栱；18—泥道栱；
19—栱眼壁；20—柱头枋；
21—压槽方；22—牛脊槫；
23—下平槫；24—托脚；
25—中平槫；26—乳栿；
27—阑额；28—蛾脚椽；
29—由额；30—照壁板；
31—剳牵；32—平槫椽；
33—由闇；34—丁头栱；
35—平闇；36—平基方；
37—副阶檐柱；38—殿身檐柱；
39—地栿；40—柱础；
41—柱櫍；42—压阑石；
43—阶基

图 4-21 梁思成《营造法式注释》中有关宋代"大木作"建筑构件名称示例图

以增加挑出深度。垂脊、戗脊前有兽头，翼角脊饰有蹲兽四枚，前有迦陵频伽，檐下置有套兽。

宋代以前房屋开间、屋顶装饰受律法监管，除皇宫外其他房舍不得建重檐，仅二品以上官邸可建斗拱，五品以上可作瓦兽装饰。《朝回环佩图》所绘为等级较高的重要皇宫建筑。

各殿屋顶正脊均用鸱吻（兽头张口含脊，尾尖翘卷上仰），比例瘦高，与可以见到的宋、辽、金实物相似。斗拱由方形的斗、升及矩形的拱、斜展的昂组成。图中昂的数目除了前殿用单下昂之外，正殿用三层下昂，显示出建筑物主人身份的尊贵。阑额（檐柱之间起联系及承重作用的矩形横木）上方置有普拍枋（形状扁宽、搁在阑额及柱头之上），至转角处相交出头，呈平直状。铺作（斗拱构造的总称）除了柱头上的之外，有补间铺作一朵，其各色铺作的形式，为《营造法式》中的相关规定做了极佳的说明。（图4-21）

三、一石一木也有缘

新建的南宋皇城因为其所在地特有的山水地理条件，使得它不同于以往汉唐和北宋等一般建于北方平原的皇城，而有了自己的全新面貌。但它仍然有很明显的北宋皇城的"基

因", 主要体现在服务朝政的皇城核心区宫殿的营建和服务帝后生活的后苑区山水造园这两个方面:

其一, 南宋皇城核心区的几座正朝宫殿, 其名称完全来自北宋。像文德殿(即大庆殿、紫宸殿、明堂殿、集英殿)、垂拱殿等, 名称和使用功能一如北宋皇城, 其建筑形制也基本来源于北宋的营建标准(单体建筑规模略小)。其他如福宁殿、延和殿、钦先殿、天章阁、睿思殿等用于起居、收藏和读书的宫殿, 虽不在正朝区域, 但从名称到功用, 也全部沿袭北宋的先例。在此进行的南宋朝政、礼制、科举、起居、宴飨等活动, 也基本承续了北宋时的宫廷范式。高宗朝所谓的"中兴"即在于此。

其二, 皇城生活区的后苑山水造园, 隐含了较重的北宋先帝的个人趣味。这主要体现在赵构对徽宗的一些艺术旨趣的继承, 内涵颇多, 在此略作展开。

后苑建设能够更多体现帝后的个人癖好, 以宫苑栽植的名花来说, 赵构从自己的爱好出发, 较为偏好于梅花, "南内""北内"中均有不少以梅命名的建筑, 像南大内后苑的"梅岗亭"以及他做太上皇居住的德寿宫主楼"梅堂"(即聚远楼)。淳熙五年(1178)二月初一日,赵眘到德寿宫看望太上皇赵构,两人一起观赏园内苍藓满树、苔须垂枝的古梅时,赵构说:"苔梅有二种,宜兴张公洞者苔藓甚厚,花极香。一种出越上,苔如绿丝,长尺余。今岁二种同时着花,不可不少留一观。"❶可见赵构对梅花喜好已经到了专业水准,对老梅的行情如数家珍。

那么问题来了,赵构为何特别喜欢梅花?

这大概是受了他父皇赵佶的影响。赵佶及其御前画院的画师们,把花鸟画推向了艺术的巅峰。赵佶本人的《芙蓉锦鸡图》《枇杷山鸟图》《池塘秋晚图》《竹禽图》《幽篁戴胜图》《桃鸠图》等等,都堪称花鸟画的典范之作。但赵构似乎对其父的《腊梅山禽图》《梅花绣眼图》《梅雀图》等几幅以梅花为题材的画,更为欣赏。

此外,大内中的芙蓉花也屡屡引人注目,这应当也是一种对先人文化的继承。徽宗传世名画有《芙蓉锦鸡图》(图4-22),而南宋皇城在馒头山上建有芙蓉阁,这是大内中的一处重要建筑(元代初年杨琏真加在其基址上建尊胜寺和尊胜塔,此塔又名"镇南塔",可见其建筑位置的重要)。除了建筑

❶《武林旧事》卷七《德寿宫起居注》。

图 4-22　宋徽宗赵佶《芙蓉锦鸡图》。
　　　　故宫博物院藏

图 4-23 宋徽宗赵佶《听琴图》局部。
故宫博物院藏

名称，皇城宫苑中多处种植芙蓉花，如陈世崇《南渡行宫记》记载的"入门，垂杨夹道，间芙蓉，环朱栏""万卉中出秋千，对阳春亭、清霁亭，前芙蓉，后木樨"❶等。德寿宫里更有芙蓉冈（可与梅岗亭媲美），"松菊三径"种有芙蓉花，园中太湖石取名"芙蓉石"（至今尚存于世）。赵构常去的另一个御园富景园（也称东花园），临池也栽有大片芙蓉花。

徽宗赵佶有一幅名作《听琴图》，画中古松之下的三人均坐在铺有软垫的假山石上，中央有一座小巧玲珑、犹如出岫轻云的自然山石，上置一小古鼎，中插一束花枝，形成一道极为古雅清丽的盆景（图4-23）。赵佶的《祥龙石图卷》更是

❶《随隐漫录》附录。

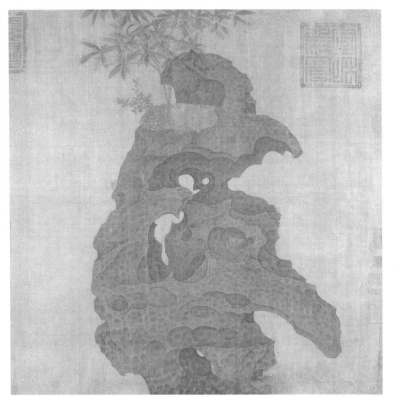

图 4-24 宋徽宗赵佶《祥龙石图卷》局部,石顶异草右下方有瘦金体"祥龙"二字。故宫博物院藏

把一块石头当成笔下具有祥瑞灵气的主角（图 4-24）。赵佶的爱石癖好生出"花石纲",曾引起天下民怨沸腾。赵构也继承了这种爱石的"基因",在德寿宫构造了一个微缩版的飞来峰。还有独立的石景,一丛色泽苍润的假山石,玲珑剔透,如团如抱,恰似一朵盛开的木芙蓉,称之为"芙蓉石"。这很容易让人联想起赵佶的那幅杰作《芙蓉锦鸡图》,也使人恍然大悟,原来德寿宫东区的"芙蓉冈"和"松竹三径"（其中一径即以芙蓉为景）,乃是继承了徽宗花鸟画的艺术审美倾向。

赵佶在《芙蓉锦鸡图》上以其特有的瘦金体自题画作:

图 4-25 南宋李迪《红白芙蓉图》。
东京国立博物馆藏

"秋劲拒霜盛，峨冠锦羽鸡。已知全五德，安逸胜凫鹥。"芙蓉花花形硕大，淡雅清丽，盛开于秋季，故别号"拒霜"，具有一种无畏风霜侵袭的品格，是历代文人喜好的名花（图 4-25）。同样在中国传统文化中，鸡有"德禽"之称，《韩诗外传》引春秋时田饶的见解称："鸡有五德：头戴冠者，文也；足搏距者，武也；敌在前敢斗者，勇也；见食相呼者，仁也；守夜不失时者，信也。"这种文武兼备、仁勇俱存、信守专一的品格为世人所激赏。徽宗赞美锦鸡"五德"，实为对臣下道德品性的一种期许，也体现了中国花鸟画的人文寓意。赵构曾在《徽宗文集序》中自称是"缅怀恩育"，这并非虚言套话，他非常明白徽宗给自己取字"德基"的意义，并将他退位所居命名为"德寿"，而在园林构思之中也显然受到了赵佶艺术创作的熏陶。虽然赵构并未直白地去饲养一群锦鸡，却充分利用了杭州所在的自然条件，一冈一径广植芙蓉，一石之像也如芙蓉，在艺术趣味的传承中无不饱含那种缅怀的意象。

四、从平面转向立体

一位曾经游历讲学于英国，对西方建筑史和艺术史颇多钻研的中国建筑学家说："与世界历史上的其他建筑体系相比，中国建筑在总体的空间经营上，应该说是将理性有序与浪漫自然两者之间结合得比较恰到好处的。一座精心规划的中古时代的大都市，或一座帝王的宫廷园囿及其离宫别馆，不唯有星罗棋布、院落纵横、回廊复道、巷陌交通的繁复而严密的空间组织，亦有挟山带水、涵天纳地的与自然融而为一的空间气韵。因而，以群体空间见胜的中国建筑的空间组织，集宏大与深邃，华丽与幽雅于一体，创造了在建筑空间组织方面独具特色的一个体系。"[1]

南宋皇城的营建正是如此，不唯有星罗棋布、院落纵横、回廊复道、巷陌交通的繁复而严密的空间组织，亦有挟山带

❶ 王贵祥：《东西方的建筑空间——传统中国与中世纪西方建筑的文化阐释》下篇第九章第五节，百花文艺出版社 2006 年出版。

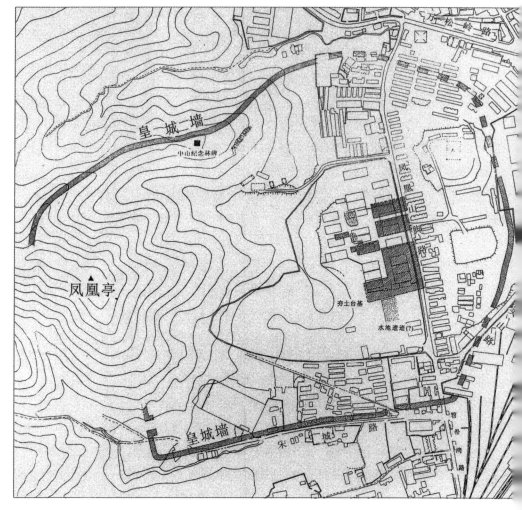

图 4-26 皇城遗址范围及考古发现点。
杭州市文物考古研究所提供

水、涵天纳地的与自然融而为一的空间气韵。也因为如此,在中国建筑史上,南宋皇城堪称是集宏大与深邃,华丽与幽雅于一体的代表作。

　　元人张昱鉴赏马远的《宫廊雪霁图》时喟然而叹,题诗道:"画在丹青事已非,碧山犹自绕朱旗。分明黄屋宸游处,千步宫廊雪霁时。"❶南宋皇城虽然早已成为过眼烟云,但它呈

❶《南宋院画录》卷七。

106

现的长长回回廊，高高低低房，山山水水景，细细巧巧样，展现的是一座精美宏丽、宜人宜居的山水园林式宫殿。当年无数设计者、建造者的殚精竭虑和匠心独运，使得它在中国建筑史上独树一帜，堪称伟大的创举。

经过一个多世纪的持续建设，南宋时期在凤凰山以东和馒头山一带，形成了巍峨壮丽的一座皇城建筑群，并且至少有以下这些特点：（图 4-26）

第一是宫苑建设因地制宜。北宋东京宫城建于大平原之上，呈平面展开。南宋皇城立足于杭州山水丘陵之间，是一种"立体"营造，因而更宜入画，这使得南宋宫苑画像远比北宋要多。南宋皇城占地规模不亚于北宋，却因山地坡地造成建筑容积率下降，形成一个"缩水"的皇城。但整个皇城充分利用地理山势精心规划布局，将主要宫殿置于凤凰山和馒头山之间地势相对较高的南部，使得南宋皇城蜕变成为一个史上罕见的江南山水园林式宫城。以宫中长廊来说，它在勾连殿宇的同时，为整个宫苑的立体空间平添了一种高低错落、远近呼应、宛转延续的美感。这种与自然山水融为一体的建筑格局和艺术，为中国建筑营造树立了一种范式。

第二是建筑类型非常丰富。文献记载的南宋皇城大殿共有 30 座、堂 33 座、阁 13 间、斋 4 间、楼 7 座、台 6 座、亭 90 座。皇城四面各开一座大门，南题丽正门，北名和宁门，东为东华门，西称西华门。宋宫建筑类型非常多样，主要殿宇有正殿、宴殿、寝殿和水殿之分，附属建筑有堂、轩、斋、廊，亭、台、楼、阁，以及宫门、高台、舞台、池沼、桥梁和龙舟等建筑，鳞次栉比，几乎包含了当时最主要的建筑形态，尽显当时最顶级建筑的光彩，为中国建筑艺术树立了一个个样板。

第三是朴壮风格兼容并存。后人对北宋宫殿尚有"殿阁临水，云屋连𢱢"❶之说，而南宋时颇有改观。"绍兴南巡，因以（旧钱王宫）为行宫，其制甚朴。休兵后始作垂拱、崇政二殿，其修广仅如大郡之设厅。淳熙再修，亦循其旧。"❷相比北宋的富丽堂皇，南宋宫室的营建既有巍峨壮丽的构筑，又有简约风格和俭朴意象的存在。事实上，民间画家多有描绘的高架堆筑、层楼叠榭的宫苑建筑的崇高之象，在南宋宫廷画师笔下罕有一见。

第四是建筑构造典雅精丽。绍兴后期乃至整个南宋时期，宋宫建筑依据《营造法式》施行，多数建筑构造极为精细，

❶《林徽因文集·建筑卷》。

❷《建炎以来朝野杂记》乙集卷三。

工艺极为精良，形态极为精美。营造者追求极其精致的作风，使得这些建筑极具艺术价值和美学价值。以李嵩《月夜看潮图》（参见第六章图6-19）为例，其上观潮楼阁典雅、精致、俊秀，可谓建筑中的极品。杭州在宋代被誉为人间天堂，而这幅画上的建筑物，堪称这座"天堂"中的蓬莱仙台。

在接下来的几个篇章里，我们将以一种宋画图解的方式，诠释和品鉴在当时堪称世界上最为光彩夺目的皇宫……

第五章
赵官家办公、宴请和读书的地方

一、馒头山上的"窥视者"

宋王朝南渡杭州之初，某天，御史中丞张守气急败坏上书官家赵构，称自己被诬告了。可赵构看了张守的这篇《论置翰林图画局待罪奏状》，觉得没什么大不了的事，不就一个公家租私房的事嘛，你待什么罪？还自求罢免，贬谪流放，说过头了吧！

这究竟怎么回事？原来，张守说自己前些天讨论设置翰林图画局时，提议租赁房东郭康伯的一处房屋，作为该局的办公用房。可就为这事，现在有人说他和郭康伯是亲戚，涉嫌以权谋私。御史中丞可是朝中举足轻重的言官，向来只有他揭发人、弹劾人，现在竟然也被人弹劾了，真新鲜！所以张守怒不可遏，直言他跟姓郭的啥关系都没有，这是莫须有的罪名！为此他在上书中说，自感无颜在朝为官，请求罢免贬谪。

罢免一位御史中丞可是大事，朝廷必须搞清楚。于是，赵构命尚书省负责调查此事。结果很快就出来了，在租赁郭康伯房屋一事中，张守并无违法乱纪的行为。

可张守余怒未消，又上书赵构，坚持要求罢官，说尚书省奉旨调查翰林图画局租赁郭康伯房屋一事，最终认定我跟那姓郭的并非亲戚的事实，并在还我清白的同时要我尽快复职上班，但是，我觉得发生这样的事，还是辜负了陛下的期望，所以再次请求罢去我的言官之职，外放为官。❶赵构有点烦，没再搭理这事，此事也就不了了之。

南宋初年，杭州城里因为中原移民剧增，住房极为紧张，而张守为一个小小的翰林图画局寻找房子却摊上了弹劾大事，不得已两次上书高宗寻求解脱，这也从一个侧面证明：南宋初年重置了翰林图画局，且这个画院的新址当在皇宫之外。有学者质疑南宋复置御前画院一事，认为"没有任何蛛丝马迹，显示南宋官制体系中的画院究竟复置于何处，古临安地图亦未见其踪影"，由此认定它只是一个"虚拟画院"❷。这种论断显然漏看了张守的这两道上书。所以在此对这一历

❶〔宋〕张守：《毘陵集》卷五，丛书集成初编本，商务印书馆 1935年出版。

❷〔美〕彭慧萍：《南宋画院与北宋的巨大差异及其他》，《公关世界》2018 年第 12 期。参见彭慧萍：《虚拟的殿堂——南宋画院之省舍职制与后世想象》，北京大学出版社2018 年出版。

图 5-01　南宋画院待诏马远《踏歌图》局部，描绘了一场宿雨过后临安城外风和日丽的景象，远山近树之间隐现的殿宇楼廊，正是皇城大内的胜景。画幅上方有宁宗皇帝录写王安石诗句："宿雨清畿甸，朝阳丽帝城。丰年人乐业，垄上踏歌行。"
故宫博物院藏

史事实作一必要的澄清。（图 5-01）

南宋赵升《朝野类要》记载："院体：唐以来，翰林院诸色皆有，后遂效之，即学官样之谓也。如京师有书艺局、医官局、天文局、御书院之类是也。即今画家称十三科，亦是京师翰林子局。如德寿宫置省智堂，故有李从训之徒。"[1]大意是说，本朝翰林院的书艺局等机构，其源头可追溯到唐朝，如今（指南宋）宫廷画家所在处称作"十三科"，类似书艺局也是翰林院的一个子局。这说明南宋时作为翰林院下属机构之一的画院仍然存在，只是称呼变为"十三科"，设在德寿宫的待诏地点又叫"省智堂"，里面就有李从训这些来自"十三科"的画家。

由此可见，以为南宋文献中没有"复置记录""科层结构""省舍院址"等记载，就认为南宋画院为"虚拟画院"，以此推翻南宋画院的真实存在，这种观点是站不住脚的。非但如此，传世的南宋院画还给后人认识南宋皇城的一些建筑特征，带来了生动形象的材料，譬如南宋画院待诏萧照的《中兴瑞应图》。萧照是两宋时期画院待诏、"南宋四家"之一的李唐的弟子。萧照这幅画的其中一个传本在韦妃"黄罗掷将"

[1] ［宋］赵升：《朝野类要》（王瑞来点校）卷二，中华书局 2007 年出版。

图 5-02 南宋萧照《中兴瑞应图》韦妃"黄罗掷将"末尾留有一半题款字迹,可辨为:"待诏赐绯鱼带(袋)臣萧照"(蓝框内为字迹放大图)。
藏者未明

末尾,还残留一半题款字迹,经辨识为:"待诏赐绯鱼带(袋)臣萧照",这也证实了南宋画院的存在。(图 5-02)

宋代修建宫室原本是有建筑图纸的,太祖建隆三年(962)五月拓建皇城,"命有司画洛阳宫殿,按图以修之"❶。高宗绍兴元年(1131)十一月兴建临安府行宫,"诏宜措置,随宜擗截,不得搔扰,仍具已擗截处所画图申尚书省"❷。

可今天,别说当年的建筑图纸档案片纸不存,连宋代宫廷建筑实体也荡然无存,即使宋代一般建筑也是凤毛麟角。所以,对于研究者而言,想要了解宋代宫室的原貌样式,很多时候只能在有限的抽象文字记载中去体会和感知。

关注和借助传世的古代图画材料开展历史研究,已成为学者的一种新视角。陈高华先生认为:"对于艺术史以外的其他学科来说,绘画图像是一类珍贵的历史材料。"❸主张将古

❶《宋会要辑稿》方域一。

❷《宋会要辑稿》方域二。擗截,意为擘画、规划。

❸陈高华:《绘画也是历史文献》,《光明日报》2013 年 11 月 16 日第 9 版。

图 5-03 李唐《晋文公复国图》中的宋式宫殿
（双陛），画面表现的则是春秋时期晋公
子重耳受到宋襄公礼遇的场景。
美国纽约大都会艺术博物馆藏

代绘画也纳入文献的范畴。而建筑史方面的一些学者，利用
存世宋画考察研究宋代宫廷建筑，也早有实践。林徽因先生
认为："（汴梁宫殿建筑）发展到了北宋末赵佶（徽宗）一代，
连年奢侈营建，不但汴梁宫苑寺观'殿阁临水，云屋连簃'，
层楼的组群占重要位置，它们还发展到全国繁华之地，有好
风景的区域。虽然实物都不存在，今天我们还能从许多极写
实的宋画中见到它们大略的风格形象……宋画中最重要的如
《黄鹤楼图》《滕王阁图》及《清明上河图》等等，都是研究
宋建筑的珍贵材料。"❶

　　宋画之所以有助于宋代宫廷建筑研究，其中一大原因，
就是宋朝设置了几乎与其相始终的翰林图画院，因而其中必
有涉及宫廷题材的画作。（图 5-03、5-04）

❶梁从诚编：《林徽因文
集·建筑卷》，百花文
艺出版社 1999 年出
版。

图 5-04 李唐《晋文公复国图》中的宋式宫殿，画面表现重耳在郑国不受待见的场景。
美国纽约大都会艺术博物馆藏

北宋翰林图画院始建于太宗雍熙元年（984），位于大内东门里。真宗咸平元年（998），又被移在了右掖门外。哲宗绍圣二年（1095），改院为局。[1]北宋一朝，画院名家辈出，郭若虚《图画见闻志》、刘道醇《宋朝名画评》、佚名《宣和画谱》和邓椿《画继》等绘画文献，列举画院画师共 30 多人，像黄筌、黄居寀、郭熙、燕文贵等，都是当时画坛的佼佼者，但像张择端等优秀画师在当时则未被载录其中。北宋灭亡时，大批画院画师流离失所，散落各地，但也有不少人像李唐、苏汉臣等，追随宋室南渡，流落杭州，最终复入南宋画院。南宋画院画师留下名字的更多，显示了当时院画的兴盛。清代学者厉鹗《南宋院画录》载有 98 人，其中李唐、刘松年、马远和夏圭被誉为"南宋四家"，彪炳画史。是以两宋时期有记载的画

❶［宋］高承：《事物纪原》卷七，中华书局 1989 年出版。又，王应麟《玉海》卷一六八："雍熙元年，置翰林图画院在谼东门内。咸平元年，徙右掖门外，待诏三人，艺学六人。"

117

图 5-05 李嵩《钱塘观潮图》局部，大内所在地方被画成
一片"白地"，当是为宫廷保密而有意为之。
故宫博物院藏

院画师在 130 多人。

两宋画院隶属内侍省，服务于皇帝，所以画院画师是能出入大内禁中的，其作品也必有涉及宫廷事件、人物、景物等。而宫廷建筑作为当时最高等级且宏丽精彩的构造物，又势必成为画院画师（尤其是擅长界画者）的描绘之物。《南宋院画录》记录的李嵩宫殿类界画有《宫苑图》《钱塘观潮图》《内苑图》《殿阁》等，其中引明代学者王世贞题跋说："《内苑图》或光尧德寿宫冷泉小景耶？"❶可见明人也把李嵩这幅界画看作是宋宫意象。（图 5-05）

有意思的是，马远并非是以界画闻名的画院画师，但从《南宋院画录》记载的他的宫廷题材绘画中也能窥见宫殿后苑等景象，如《汉宫春晚》《宫苑乞巧图》《宫廊雪霁图》等。元人张昱还有题《宫廊雪霁图》诗："画在丹青事已非，碧山犹自绕朱旗。分明黄屋宸游处，千步宫廊雪霁时。"❷还有一幅显然不是界画的《小景图》，有元人王逢题画二诗："半天飞殿压金鳌，一岛春风护小桃。争捧御香熏御榻，君王来听月中涛。""班管书残女史箴，水精深殿乐登临。荷花大得熏风

❶〔清〕厉鹗：《南宋院画录》卷五引王世贞语，上海人民美术出版社 1963 年出版《画史丛书》本。

❷《南宋院画录》卷七引张昱诗。

意，一夏吹香上玉琴。"❶画名虽无宫苑迹象，画境全是禁中景象。

❶《南宋院画录》卷七引王逢诗。

这也意味着宋宫印象并非只是界画的专利。作为当时建筑艺术最高水平的宫廷建筑，对出入于宫禁之中的画院画师而言，无疑具有极大的诱惑力。所以，传世宋画中既有仙境、汉宫、唐苑等故事题材的界画，也有集界画、山水画或人物画于一体的院画，作品虽是托名，建筑必有原型，其中当有两宋宫廷前朝后苑的"一角"或"半边"。

那么，画院画师出入宫禁具体在哪些地方呢？根据本书作者掌握的宋画材料看，以画上景物推测今天位置，一个有趣的现象是，这些画大多集中在今天的馒头山上，个别在凤凰山上。也就是说，七八百年前的馒头山上，时不时会有人带着笔墨纸砚在此"窥视"着这片无比壮美又戒备森严的建筑群。

宫廷画师属于专为宫廷提供绘画服务的"服务员"，在一般情况下，他们是难以靠近两山夹峙之间的外朝和内朝宫殿的，也即不能涉足朝政重地。但馒头山是个例外，这里是政务之外的后宫苑囿之地，宫中其他殿宇也近在咫尺，仿佛脚下。相比之下，凤凰山上则稍嫌偏远。

图 5-06 徽宗赵佶《瑞鹤图》。
辽宁省博物馆藏

二、走进皇城宫门

现在我们可以跟随曾与皇室宫廷零距离接触的宫廷画师和宗室画家的笔触，走进皇城宫门，走近那些精美华彩的殿宇庭院、亭台楼阁……

首先要见识一下这座宫城的大门。这可是徽宗赵佶亲自描画的样板：北宋皇城正门宣德门。（图 5-06、5-07）

宣德门是北宋皇宫中轴线上的正南门，门楼形制呈古代建筑最高等级吴殿（清代称庑殿）式样。赵佶《瑞鹤图》笔下的宣德楼及两阙亭和楼廊的图像，属于实景写照，准确地展现了当时的面貌。但该画的主题是瑞鹤，建筑只出现了顶部形象，因而还需要文献予以补充。早在北宋神宗熙宁五年十月，日僧成寻在东京城曾

图 5-07 傅熹年绘北宋铜钟上的汴梁宣德门图（摹本）。
辽宁省博物馆藏

见到过宣德门："见皇城南门宣德之门，七间门楼也。左右有二楼，各重重五尺许，高颇下，内面左右楼廊造列，外面有左右会。"❶成寻见到的门上宣德楼为七开间，这是一个对《瑞鹤图》上壮美的屋顶的很好注解。

宣德门的形制为五门，北宋孟元老说："大内正门宣德楼列五门，门皆金钉朱漆，壁皆砖石间甃，镌镂龙凤飞云之状，莫非雕甍画栋，峻桷层榱，覆以琉璃瓦，曲尺朵楼，朱栏彩槛，下列两阙亭相对，悉用朱红权子。"❷其中他描述的"壁皆砖石间甃，镌镂龙凤飞云之状"，可以在《金明池争标图》描绘的"宝津楼"见到具体样式。（图 5-08）

南宋以临安城为行在，初始的皇城营造一切从俭。皇城正南门丽正门，位于皇城南面今宋城路 5 号一带。它与北宋皇城正门宣德门应有相似性，但只有三门。南宋吴自牧说，丽正门"其门有三，皆金钉朱户，画栋雕甍，覆以铜瓦，镌镂龙凤飞骧之状，巍峨壮丽，光耀溢目。左右列阙，待百官侍班阁

❶〔日本〕成寻:《新校参天台五台山记》（王丽萍校点）卷四，上海古籍出版社 2009 年出版。

❷〔宋〕孟元老:《东京梦华录》卷一，古典文学出版社 1956 年出版。

122

图 5-08　南宋佚名《金明池争标图》局部。
天津博物馆藏

图 5-09 赵伯驹《蓬瀛仙馆阁》。清代乾隆帝题诗："参差仙
馆类蓬瀛,临水依山风物清。可望不可即之处,画家
别有寄深情。"
故宫博物院藏

❶《梦粱录》卷八。

子。"❶可见丽正门的装饰图案与色彩等, 跟宣德门多有相似
之处。汴京宣德门虽然比临安丽正门多出两门, 但作为宫门
正门的整体构造和外形, 两者应该差距不大。

　　以上就是两宋大内宫门的"门面"详情, 堪称壮美
至极!

图 5-10 赵伯驹《阿阁图》局部。
台北故宫博物院藏

三、宋人理想中的宫殿

　　赵宋宗室赵伯驹擅长山水画，深得赵构赏识，时被召进宫中。从他的一些作品如《蓬瀛仙馆阁》中，似可见南宋皇城的部分"盛况"。画中殿阁楼台、廊轩亭榭层叠错落，规模宏大且奇丽精致，民间绝少能见。这些建筑群虽为艺术创作，但皇城大内中的建构极有可能成为其蓝本。（图 5-09）

　　赵伯驹《阿阁图》描绘的是一组超乎寻常的大型宫殿建筑。阿阁，原指古时帝王宫室，黄帝时造白凤巢于阿阁。此处

图 5-11 南宋佚名《江山殿阁图》。
故宫博物院藏

当是一处想象与现实相结合的皇家宫殿庭院。图中最突出的是一座修筑极高的高台建筑，平面呈"凸"字形，砖石铺地，朱栏围护，当是雅集观景的绝佳之地，有八九名女子在台上各有所事。台上大殿，台下右边殿门以及下方的水殿，这三座建筑的重檐歇山顶的做法别具一格，为多个歇山顶的骑跨叠加，非常罕见。大殿之间又有长廊勾连，使得这组因地制宜营造的建筑具有很强的整体感。而所有建筑的屋顶用黄色或绿色琉璃瓦，更显得无比华贵。如此奢华的建筑似乎非皇宫禁苑莫属。（图 5-10）

再看南宋佚名《江山殿阁图》，画上主角是近前的这处

126

建筑群。由右侧拱桥通过三开间、前有檐屋的门厅，进到内庭。内庭由一主殿、挟屋、厢房以及一处池沼组成，形成一个初步的高低落差。然后转向高处，多个建筑随着地势层层叠进，最后来到高台之上的一座三开间殿宇。画中借山峰而抬高主体建筑，烘托出这座殿宇的高耸与雄伟，透露出一种皇家气派，也再现了宋代建筑风格。但细看画中建筑结构与细部构造，又稍嫌粗略，与前面赵伯驹《阿阁图》的那种华丽、精致和准确相比，颇多不及。故而，这幅《江山殿阁图》多半是宋代民间画师对于皇城和皇宫的一种想象图。（图 5-11）

但回头来看，赵伯驹《阿阁图》这类超级宏丽的"仙宫"建筑群，其实也是理想成分大于现实的，与事实上的宋代宫殿颇多差距。因为南宋之初，宫室建筑因陋就简，哪有这等壮丽之色？

四、朝政中心：正殿与内殿

绍兴三年（1133）时的临安城行宫，赵构可以用于"上班"的宫殿仅有一座，"日见群臣、省政事，则谓之后殿；食后引公事，则谓之内殿；双日讲读于斯，则谓之讲殿"。南方潮湿，梁木易朽，此殿到了不得不修时，只好临时把射殿用作上朝之所，"乃权御射殿，极卑陋，茅屋才三楹，侍臣行列，巾裹触栋宇"。❶这三开间的射殿委实狭小，人挤人的，好多人的头巾都倚碰到殿中柱子上了。

❶《建炎以来系年要录》卷六八。

这里几个宫殿概念，或者叫"宫室制度"需要做些说明。作为日常正式的君臣办公场所外朝宫殿，不是你宋朝，甚至不是唐朝和隋朝说了算的，得按照古时候周礼的"三朝制度"，对一系列办公的宫殿做出功能定性。以北宋汴京故宫为例，一个外朝大致要有三大块办公场所：一个是外朝正殿大庆殿；其次是正衙文德殿，为了区别外朝正殿，也称中朝；然后又有常朝的垂拱殿，以及备用的前殿紫宸殿。

外朝这些宫殿功能各异，什么宫殿做什么事，都有制度规定，不能越界。比如说，新年的朝贺大礼，重大宣告或重要任命，重要的邦交活动，一定得放在外朝正殿大庆殿中举行。可见大庆殿有点像它的名字，是个仪式感很强很隆重的宫殿。君臣早朝议事这些例行工作，则在中朝文德殿举行。退朝之后，皇帝用过午餐以后，平常再有什么需要跟臣下或者特殊的人议事交流, 则安排在紫宸殿里, 属于非正式办事场所。这几座宫殿分工明确, 各有用途。

除此之外, 外朝的各项正事议完, 皇帝回到自己私人的起居领地, 还有正经事儿要做, 则安排在内朝宫殿。譬如晚上读书想找个陪读的人, 那就不在外朝宫殿了, 而是放在内朝的讲殿如崇政殿、选德殿中。这些宫殿也有如外朝正殿规模和形制的, 像崇政殿与外朝正殿垂拱殿并无两样。但内朝宫殿相对简略也是事实, 譬如仅有三开间, 有双陛也有单陛。内殿选德殿是皇帝会见学士儒臣的地方, 在内朝宫殿中相对来说规模较大, "规模朴壮, 为陛一级"。❶即使有一定规模, 选德殿的登殿台阶也仅有一级, 还是比较简朴的。

❶《玉海》卷一六〇。

绍兴十二年（1142）开建的文德殿, 是作为每日上朝的正衙来营建的, 但鉴于当时的内外形势、地理条件和财政基础等多种原因, 它仍然依循绍兴初年"一殿多名"的传统而成为一座多功能宫殿。其使用办法: 平时当作上朝的正衙, 封赏百官时亦在此殿, 这时候就叫"文德殿"; 每年官家做寿庆生时, 换匾作"紫宸殿"; 新年朝贺、朝会大礼, 以及重大国事需要昭告天下时, 易为"大庆殿"; 官家祭祀祖宗先

图 5-12 马和之（传）《孝经图》之三，绘皇帝（右上戴天平冠者）在宫中举行"明堂大祀"，建筑鬃彤、礼器摆设、石磬画鼓、玉圭牙笏、冠带服饰、队列拜舞等等物事，无不遵照北宋时的礼仪规范。这也是高宗赵构追求的"中兴"一例。
台北故宫博物院藏

帝时，匾额换作"明堂殿"；三年一次开科取士用作殿试时，另换匾额叫"集英殿"。一句话，这文德殿一殿多用，需要用作啥事，就换匾叫啥名字，能想出这办法来，真有点脑洞大开的味道。南宋宫殿在使用上的这种权宜之计，在中国历史上十分罕见。（图 5-12）

也就是说，南宋时的文德殿在外朝和中朝的概念中已经模糊了界限，已经有把它既当作中朝正衙，必要时也能当成外朝的大庆殿来用的考虑。早朝的正衙之外，常朝仅垂拱殿一座宫殿。所以，南宋的几位赵官家正经"上班"的场所，也就这两座宫殿而已。

南宋皇城内的垂拱殿也可在北宋佚名《景德四图·契丹

图 5-13 北宋佚名《景德四图》卷之一"契丹使朝聘"。
台北故宫博物院藏

使朝聘图》（图 5-13）上也可以找到印证。此图绘于北宋时期，根据图左记文可知，景德二年（1005），契丹"生辰使"携带礼物在汴京皇宫朝见了北宋真宗皇帝，而真宗则赐宴长春殿以待契丹使人。故而画中的宫殿建筑，应是北宋东京宫城内接待辽国使者的垂拱殿。文献记载说："垂拱殿旧曰长春，明道元年十月改勤政，十一月改今名，即常日视朝之所。节度使及契丹使辞、见，亦宴此殿。"[1] 画中此殿仅有五开间，前有围廊环护，双陛登殿，两侧各有外通廊道，但无朵殿相属。殿前也无檐屋构建，仅以主殿屋檐覆盖围廊。作为邦交活动场所

[1]《宋会要辑稿》方域一。

131

图 5-14 马和之《小雅·南有嘉鱼篇图》局部"彤弓"。
台北故宫博物院藏

❶尹承:《北宋佚名〈景
德四图·契丹使朝聘
图〉考释》,《故宫博
物院院刊》2015年第
1期。

的垂拱殿,其建筑形制和构造细部(如斗拱等)稍嫌简陋,
且宫殿龙墀等局部也未见绘出,故也有学者认为《契丹使朝
聘图》并不是对当时朝聘礼仪完全真实的描摹,而更有可能
只是根据真宗以来的宫廷礼仪图写其意。❶

　　南宋宫廷画家马和之《小雅·南有嘉鱼篇图》(图 5-14)
和《小雅·鹿鸣之什图》(图 5-15),留下了宋时正殿的大致
样貌:主殿五开间,以朱栏双陛登殿,应是参考了宋宫正殿
的基本形制。《小雅·鹿鸣之什图》绘《诗经·鹿鸣》中的王
者宴宾一段,王者踞坐宫殿正中,群臣列坐两侧,殿外丹墀之

图 5-15 南宋马和之《小雅·鹿鸣之什图》局部。
台北故宫博物院藏

下则是内侍环立，乐工鼓乐。《小雅·南有嘉鱼篇图》中"彤弓"一段，画前有高宗题字："彤弓，天子赐有功诸侯也。"画中一王者踞坐殿中，彤弓置于丹墀之下，旁有诸侯正在听候宣诏，拜受赐弓。

《宋史》记载南宋皇城常朝垂拱殿和内朝崇政殿："虽曰大殿，其修广仅如大郡之设厅。淳熙再修，止循其旧。每殿为屋五间、十二架，修六丈、广八丈四尺，殿南檐屋三间，修一丈五尺，广亦如之。两朵殿各二间，东西廊各二十间。南廊九间。"❶马和之在描绘鹿鸣、彤弓这两幅《诗经》中的情景时，

❶《宋史》卷一五四《舆服》"宫室制度"。

133

图 5-16 南宋萧照《中兴瑞应图》中赵构梦到
钦宗赵桓在殿中向自己脱袍相授。
藏者未明

当是以"为屋五间"（即五开间）的垂拱殿等正殿为蓝本的。
虽然殿宇屋顶采用最高建筑等级的"吴殿式"，但为了体现
先秦时期宫殿的简朴，还是在宫殿外形上做了减法，如除去

图 5-17　南宋马和之（传）《孝经图》局部。
台北故宫博物院藏

图 5-18　南宋马和之（传）《孝经图》局部。
台北故宫博物院藏

了屋顶鸱吻和殿南檐屋等构建。

　　南宋萧照《中兴瑞应图》（图5-16）描绘的赵构梦境，他哥钦宗皇帝赵桓正在殿中向自己脱袍相授。这里画出了大殿双陛、朱红柱栏、雕花台基、砖砌地坪以及殿中屏风,细节很多,应当是南宋宫殿的部分写照。

大殿之前又有上覆屋檐的平台,是为"檐屋",也称"轩",皇帝在此接见臣下,称之"临轩",在传为马和之的《孝经图》中可见其场景。此外,三年一次的科考殿试成绩揭晓,皇帝在此宣布今科状元、榜眼和探花等名单,称作"临轩唱名"。(图 5-17、5-18)

五、宴殿:另一种办公场所

说到宫廷宴会,这是朝中政治的一项重要活动,从某种角度看,皇帝设的"饭局"是另一种"办公"形式。南宋宫廷正殿文德殿每逢皇帝寿辰,改名紫宸殿,群臣在此为皇帝庆生。平时的重要宴会,则设在专门的宴殿。

君臣小范围的小酌浅饮,孝宗赵昚设在大内澄碧殿或选德殿,宁宗赵扩设在江边玉津园的江楼。这里,选德殿最初在赵构时称崇政殿(又名射殿。北宋徽宗时的崇政殿则是收藏夏、商、周三代古物珍宝的宫殿),是翰林学

图 5-19　马远《华灯侍宴图》局部。
台北故宫博物院藏

士侍读皇帝的宫殿，赵昚时这里既是翰林院学者为官家讲经陪读的场所，也是赵昚与亲近大臣宴会聚饮的地方。

遇到大一些的或较为重要的宫中宴会，又有御宴大殿。马可·波罗游历南宋皇城故地时，听人介绍说，有一座大殿，皇帝每年在此召开朝会，大殿中可以容纳上万人同时就餐，而且这种宴会往往要持续 10 到 20 天。这显然是马可·波罗惯用的夸张之笔。那重要的御宴所设殿宇又会是怎样的呢？

宁宗嘉定元年（1208），"开禧北伐"惨遭失败的南宋王朝在刺杀权臣韩侂胄并函其首级送呈金人后，终于换得了宋金两国的和议。虽然这比前两次的和议更为屈辱，但宋廷仍为和议的主导者丞相史弥远大摆御宴，庆贺和议的缔结。傅伯星考证，马远《华灯侍宴图》就是对这次重要御宴场景的一个记录。（图 5-19）

时值隆冬，夜幕已合，御宴大殿敞开的大门垂帘半卷，其余地方俱被木格子长窗围护。殿内可见华灯高悬，侍女相候，宴会坐席长桌后各有屏风，五六人恭立殿中作拱手贺礼状，宴会主人却被隐于大殿深处，不得一见。大殿前方广场四周梅花簇拥，一班腰挎乐鼓的宫女舞姿划一，翩翩起舞。宁宗在马远这幅画上有题诗，其中两联道："酒捧俱觞祈景福，乐闻汉殿动欢声。宝瓶梅蕊千枝绽，玉栅华灯万盏明。"

这正是御宴当时的情景。留意这座五开间歇山顶大殿，它由檐殿、正殿和后殿组成，前后排列仿佛"前胸贴后背"，紧挨一体；正殿一侧又有通出画外的朵殿，但不见另一侧有朵殿。导致这种前后殿宇紧贴相连，左右建筑布局不对称情况的出现，既有画家出于构图艺术需要而不拘泥于画作对象现状的主观原因，也有南宋皇城受山地地形限制，局部地段建筑密度过高的客观原因。

图 5-20 北宋佚名《景德四图》之四"太清观书"。台北故宫博物院藏

六、书香:"紫薇花对紫薇郎"

宋朝崇尚"文治",赵官家大多有自己的读书处或藏书处,北宋宫廷中比较著名的藏书楼叫"太清楼"。北宋佚名《景德四图·太清观书图》(图 5-20)专门描绘了这幢藏书楼

的景象：两层楼高，面宽七开间，两层屋顶均采用重檐四滴水歇山顶造型，柱子涂以绿色，栏杆则为朱红色，并沿用汉代藏书处"石渠阁"以来传统，以石砌水渠环绕藏书楼四周。太清观书一事发生在景德四年（1007），当时真宗继太宗编纂《太平广记》《太平御览》和《文苑英华》之后，又完成了《册府元龟》，为宣扬大宋的文治之盛，于是打开太清楼，向辅臣展示贮藏其中皇皇 24192 卷的经史子集巨著，以及太宗皇帝的御笔诗文遗墨。

　　当然，绘画艺术不是施工设计图，它总归会与现实有或多或少的差距。譬如有专家从建筑专业的角度认为，画上的太清楼各层开间与斗拱数，有矛盾之处，由此而不应将此画视作是对实景的精确描绘。这也提醒我们，艺术来自生活，常常也需要高于生活。因而，虽然宋画中的界画作为一门独立画派，成就有目共睹，如北宋郭忠恕"至于屋木楼阁，恕先自为一家，最为独妙……以毫记寸，以分记尺，以尺记丈，增而倍之，以作大宇，皆中规度，曾无小差"。❶故而宋画中必有精确描摹殿堂实体和宫苑实样的画作，由此也保存了当年诸多珍贵而真实的信息。但同时也要留意，宋画中的很多宫廷建

❶［宋］李廌：《德隅斋画品》，商务印书馆1939年出版丛书集成初编本。
郭忠恕字恕先。

筑，可能只是一个大致的面貌，不可能十分精准，一点不差。

与地处平原地带的北宋汴京大内环境不同，南宋皇城所在的杭州凤凰山一带，风景绝佳，故而南宋画院画师的题材与图书有关的画作，往往表现出幽雅或旷远的自然山水环境。

绍兴五年（1135），赵构选中太祖一系的皇子赵瑗（即后来的孝宗）育于宫中。这年四月，宰执赵鼎得旨于行宫门内造书院屋一区，凡建屋十六间，以为赵瑗就学之地。❶

❶《咸淳临安志》卷二。

南宋画院待诏刘松年《山馆读书图》（图 5-21）对书院的自然环境氛围的描画非常有特点：两棵顶天立地的参天大松，松枝如盘龙相互缠绕，结成树荫，仿佛伞盖庇护着一所雅致的书院。书斋窗户卷帘收起，格子窗门洞开，但见屋内整洁清雅，一名书生坐于书桌前，正聚精会神持卷而读。面前的一座大屏风为他隔绝了庭院内的山石花木，而小院竹篱门户紧闭，又为整个书院隔绝了外面的风月世界。一名童子执帚扫径，更为松舍书院平添了一份清静——不禁让人感叹，这才是读书佳境！

马远（款）《高阁侍读图》（图 5-22），画中高阁显示出南宋宫室建筑的特点，梁、柱等构件均髹漆以红色，主人书桌也

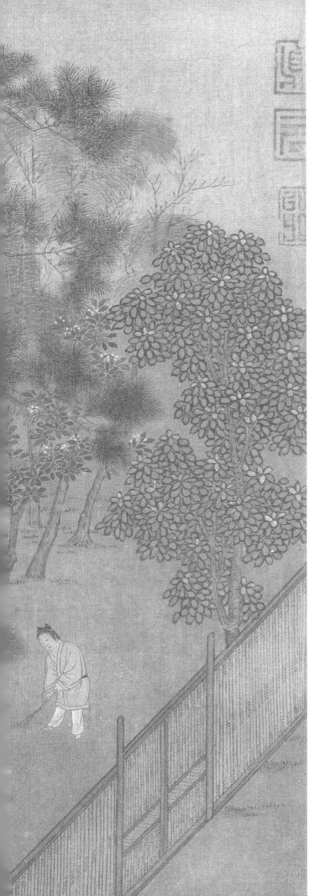

图 5-21　南宋刘松年《山馆读书图》。
故宫博物院藏

143

图 5-22 马远（款）《高阁侍读图》。
浙江省博物馆藏

呈大红色，因而这当是宫中的一处建筑。以"边角之景"构图的画面，右下角寥寥几笔浅淡的远山，反衬近处台榭及其所在山地的高峻，展示的是凤凰山的大背景，读书环境可不一般。

再看大幅留白的马远（传）《古松楼阁图》（图 5-23）。此画呈现出典型的"一角""半边"画风，以一株拖枝老松中分近景和远景，左面下端为近景，画山上长廊引接而仅露小半边的一座重檐楼阁，阁中一人伫立而望。松下栏杆右边为紫薇树丛掩映的远景，隐隐露出建于两山夹峙之中的一座宏大建筑。这种建筑与地形结合的景物，与杭州凤凰山东麓南宋

图 5-23 南宋佚名（或传马远）《名贤宝绘册·古松楼阁图》。大阪市立美术馆藏

皇城所在地貌特点非常吻合。

这幅画的对题有理宗赵昀书写的一首白居易《紫薇花》七绝："丝纶阁下文书静，钟鼓楼中刻漏长。独坐黄昏谁是伴？紫薇花对紫薇郎。"并钤有他的书房用印"缉熙殿书"朱文方印。❶唐代中书省多植紫薇，故中书郎也称紫薇郎，白居易诗中为自指，而理宗在此借诗中"丝纶阁"，指可对应的一座翰林学士侍读建筑。（图 5-24）

陈世崇《随隐漫录》记载凤凰山上能望见江景的有"芙蓉阁"，❷而南宋皇城东北东华门内为选德殿，与学士院很近，孝宗时为皇帝与学士近臣读书、夜对、宴饮之所，"左为芙蓉

❶ 浙江大学中国古代书画研究中心：《宋画全集》第七卷第二册"图版说明"，浙江大学出版社 2008 年出版。

❷《历代宅京记》卷一七。

145

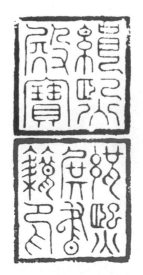

图 5-24　理宗"缉熙殿宝"（上）"缉熙殿书籍印"（下）。
来源：上印《中国鉴藏家印鉴大全》，下印《洪范政
鉴》宋淳熙十三年内府写本，国家图书馆藏

❶ ［宋］周必大：《周必
　大集校证》（王瑞来校
　证）卷五一《平园续稿》
　十一《丁酉岁恭和内宴
　御诗草跋》，上海古籍
　出版社 2020 年出版。

❷《历代宅京记》卷一七。

阁、右为凌虚阁"❶。高宗书房"损斋"、孝宗书房"复古殿"
和理宗书房"缉熙殿"也均在附近。❷因此推测马远这幅画上
的楼阁，为馒头山上的"芙蓉阁"或"凌虚阁"。

图 6-01　南宋佚名《人物故事图（迎銮图）》描绘宋金绍兴十二年（1142）
和议以后，韦后和徽宗、郑后棺椁回归的场景。红伞下的韦后銮舆由
十六力士肩扛，两旁有六扇障护以及卫骑行障。
上海博物馆藏

第六章
后宫：帝后嫔妃生活的"秘境"

一、太后和皇后的"豪宅"

杭州凤凰山东侧的馒头山，是南宋皇城的后宫区域。

绍兴十一年（1141）宋金双方达成"绍兴和议"，第二
年，高宗生母韦太后从金国归宋。（图 6-01）在此之前，赵构
在馒头山上专为韦太后兴建了寝宫慈宁殿。

太后归来，举国欢欣。文武高官照例要上表称贺，一般
朝野人士，也少不得要献上赋颂雅歌之类的赞美文章。其中
就有陆游的好友王仲信，激动所至，才情勃发，也创作了一篇

《慈宁殿赋》进献于朝廷。

王仲信在这篇赋中极尽华美辞藻来描述慈宁殿：

> 阙百常兮屋十寻，皆棳桷兮建瓴。儋儋千栭，闲闲旅楹。岫绮对砌，窗霞翼桭。彤墀洋洋，金碧煌煌。神鸱展吻而哑呀，文犀❶压牖而赫张。宝棑象拱，列星间梁。橑桷栾桼，繡藻铅黄。玫瑰玟瑁，翡翠明珰。方疏圆井，琑连斗扛……夫然，未足以比其制，未足以形其雄。

❶文犀：原指有纹理的犀角，古文中有"文犀之渠"，意为楯，即栏杆。

这是说，慈宁殿的整个宽度约有五十米，进深在二十五米光景，❷高耸云天，堪称高屋建瓴。层楼屋檐之间是密密匝匝的斗拱，粗粗壮壮的柱子。秀丽青山烘托着卓立高楼，云天霞光映照着两翼窗桭。大红台阶洋洋大观，雕梁画栋金碧辉煌。上有屋顶鸱吻大口相对，下有四周围栏纹饰相连，护持着一排排格子门窗，蔚为壮观。走进殿堂里面，但见四处陈列着彩珠和象牙，顶上的椽子斗拱也通体画上了橙黄明亮的彩绘。到处都是红艳玫瑰、莹润玟瑁、鲜亮翡翠、明珠白玉。连环"琑子"❸图案与层层斗拱，又构筑起一个个华丽的天窗藻井。（图6-02）

❷古时以一丈六尺（约合五米）为一常，半常为寻。

❸赋中"琑"即"琐"字，"琐子"是类似甲胄中"锁子甲"的一种藻井图案。据李诚《营造法式》记载，这种三角连环相接的花纹，在宋代有青、绿、红、赤、黄等颜色。

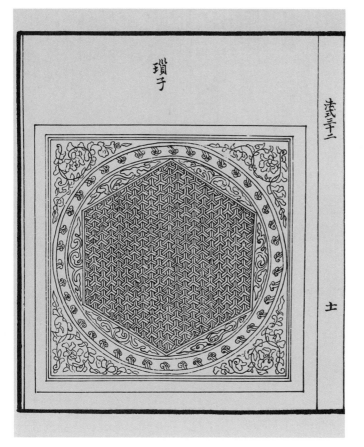

图 6-02 李诫《营造法式》中的"琐子"是类似甲胄"锁子甲"的一种藻井图案。清初影宋抄本，故宫博物院藏

　　王仲信将慈宁殿的远远近近、前前后后、上上下下、里里外外，堆砌上这一连串华彩靓丽、韵律铿锵，同时也非常冷僻晦涩、佶屈聱牙的辞藻。写到这里，他意犹未尽，仍觉得没能完整而准确地形容慈宁殿的最精彩之处，于是又以一个转折的口吻荡开笔调，连用两个"不足以"的否定词，将前面的种种誉美之词当成了一种铺垫，使慈宁殿的"高大上"形象，递进到更"高大上"的一个层次。（图 6-03）

　　据记载，南宋帝后寝殿除了慈宁殿，还有坤宁殿（皇后）、秾华殿（皇后）、慈明殿（杨太后）、慈元殿（谢太后）、仁明

图 6-03 宋高宗书、马和之绘《孝经图》中皇帝问安太后。
台北故宫博物院藏

殿（全太后）、正始堂（谢后改为寿宁殿）、怡然堂（惠顺位）、
信美堂（婉容位）等殿宇。其中，宁宗的杨皇后也是馒头山上
后宫的一位"名角"，她的寝宫慈明殿，或有可能就是当初韦
太后慈宁殿修葺后启用的新殿名，理宗赵昀即位之初，此时已
成为太后的她就在这座殿中"垂帘听政"。（图 6-04、6-05）

　　后宫之地原是禁中"秘境"，等闲人哪得一窥其中奥秘？
但得益于南宋画院画师以及能够进出大内的亲贵画家的精妙
之笔，为后人保留了一些难得一见的后宫景物。这有限"秘
密"的捕捉，些许"瞬间"的定格，更甚者或可用"曝光"
来形容。下面就让我们通过这些珍贵画作，穿过千百年的时

图 6-04　南宋佚名《宋高宗吴后坐像》。
　　　　台北故宫博物院藏

图 6-05　南宋佚名《宋宁宗杨后坐像》。
　　　　台北故宫博物院藏

图 6-06 北宋郭忠恕（传）《宫中行乐图》。
台北故宫博物院藏

光岁月，领略当年后宫的风花雪月——

　　宋画《宫中行乐图》（图 6-06）传为北宋郭忠恕所绘，但画面景物与画风可断为南宋时期作品。此画虽以唐代杨贵妃故事为题材，但画上"行乐"的含义表现得并不充分，呈现给我们的是一个典型的宫中庭园场景，所绘主殿建筑的形制与南宋皇室画家赵伯驹《汉宫图》（图 6-07）所绘主体建筑基本一样，只不过气象更宏大。

　　《宫中行乐图》中三开间主楼为重檐歇山顶，开间极大，接近五开间的宽度，且前有檐屋。两边犹如"朵殿"的副楼也各有两个开间，形成整体七开间宽面，使得这组建筑在精丽之中更显宏大，充分展现了宫廷内苑的精致生活。所以明

图 6-07 南宋赵伯驹《汉宫图》。
台北故宫博物院藏

面上画的是唐代"杨贵妃"故事，里子实为南宋"杨皇后"起居生活。

　　细看主殿楼层之间、重檐之间的斗拱，构造极为繁密，这些都显示了这座建筑的重要性。具有明显南宋建筑特点的是，两个楼层上（包括前方的长廊上），均可看到能拆卸的木格子长窗，符合杭州冬夏两个季节极寒与极热的气候特性。硕大的山石盆景体现了宫廷气派，也透露了这种流行于南方的细巧艺术与杭州有关。再有就是主楼外边的曲折长廊和攒尖园亭，与前面南宋院画呈现给我们的相关景象基本一致。因而，南宋皇城的典型宫苑完全可以由此一见。

　　主殿与四周亭轩以游廊步径串联，这种高低起伏、楼阁

图 6-08 南宋佚名《楼阁图》。
波士顿艺术博物馆藏

掩映的山地环境，也与南宋皇城地处凤凰山和馒头山的环境极为相近。此外，后宫后苑也是南宋宫廷画家或宗亲画家创作取材较为集中之地，所以类似此画宫殿和景物的绘画还有多幅。（图 6-08）

二、嫔妃"蚁聚"的宿舍

两宋后宫除了太后和皇后等人有独立的寝殿之外，其余嫔妃一般都集中一处居住。文献记载说："福宁殿东庆寿宫，庆寿、萃德二殿，太皇太后所居。福宁殿西宝慈宫，宝慈、姒徽二殿，皇太后所居。福宁殿后坤宁殿，皇后所居……明道二年十一月，改葺（集圣殿）为内外命妇容殿，名肃仪。"❶另外，南宋陈世崇撰文记载福宁、坤宁殿等帝后寝殿时说："贵妃、昭仪、婕妤等位宫人直舍蚁聚焉。"❷可见皇后以下嫔妃的居所只称"直舍"，且大多"蚁聚"集中居住，仿佛后世的"集体宿舍"。

嫔妃集中居住处在南宋佚名《汉宫秋图》❸中可见其详。按照绘画题名看，这应是一段汉朝故事，其中建筑群也是宫中一般嫔妃的居处。但就其建筑风格来看，应是南宋时期式样。而且，因为画家技法极为娴熟，勾画极为精细，保留了一幅比较完整的宫廷建筑群图像。其主体建筑格局从画面最右边小桥边的一座悬山顶大门而入，过影壁进到前院，再经主殿门厅进入内院，形成了一条清晰的中轴线。这也是魏晋以来宫廷建筑应有的营造制度和格局特征。（图6-09）

主殿为三开间重檐歇山顶建筑，加上左右两个朵殿（左侧朵殿内摆放着弹拨乐器，透露了此殿居者为女性），形成整个主殿五开间的格局，这恰好是一般嫔妃居所的规制。主殿向右通过一短廊，又连接到一组掩映在树木中的建筑。主殿

❶《宋会要辑稿》方域一。

❷《历代宅京记》卷一七。

❸近代刘体智旧藏，曾于2010年保利秋拍和2018年保利春拍中两次上拍。

图 6-09　南宋佚名《汉宫秋图》局部。
上海龙美术馆藏

前的门厅也是一组营造精巧的建筑，大厅中设有一座大屏风，保护了内院隐私。厅前连着三开间檐屋，两边耳房各与长廊相连通，再由半壁墙面的长廊回环围合主殿建筑，形成一个相对私密的院落。所以这组建筑虽然等级并不高，多为单层平房，没有易被外人看见内景的楼阁等高层建筑，却因为有门厅、檐屋和长廊的护持，遵循了《墨子·辞过》所说的"宫墙之高，足以别男女之礼"，加上建筑本身构造的精致素雅风格，非常适合后宫女眷居住。（图6-10）

这组建筑出彩之处是，艺术地调和了四合围廊封闭性与角门园亭通透性之间的矛盾：在围廊的左角拐弯处，营建了一座十字脊屋顶方亭，中设屏风，显而易见屏风之后就是通往内院的角门，这当是院内女眷出行西侧苑围游赏的门径，而白天有不少宫女值守于此，闲人莫能近。这组建筑群因有这样一座可为门厅的亭子，建筑形态和内外沟通，顿时生动灵活起来，这也是这组后宫建筑的精彩之处。

那么，这些嫔妃居所的内景又会是怎样的呢？

以下几幅宋画中的宫廷情景，可以让人一窥大概。一幅是《中兴瑞应图》中的场景。此画大致在南宋绍兴和隆兴之交时所绘，由昭信军节度使、提举皇城司曹勋写作"序""赞"文字，画院待诏、赐绯鱼袋萧照绘图，讲述赵构从出生到"靖康之变"前后出现的种种"异象"。主旨宣扬"君权神授"思想，一段一画，一赞一故事，如"射中榜台""大河冰合""脱袍见梦""追师退舍""射中白兔""黄罗掷将"等，属于鼓吹赵构为"真命天子"的"政治宣传画"，在当时就绘成多个版本。

其中"黄罗掷将"一事说的是赵构受命将出使围困京城的金营，其母韦氏以象棋占卜他此行吉凶：掷棋之前，她暗暗祝祷与众棋子一同裹在黄罗中的"将"棋，掷在棋盘上若滚入"九宫"之中，赵构此行逢凶化吉无大碍。因而"黄罗掷将"这一场面及其背景，可视作宋宫嫔妃日常居所的一个常见场景。

此画台北故宫博物院藏本（图6-11）绘一围合格子窗的

图 6-10 南宋佚名《汉宫秋图》中嫔妃居舍。
上海龙美术馆藏

房舍，整体结构简明而精致。房舍中央外凸一座精巧的亭子，身着红褙子的韦氏立于亭中屏风之前，背后侍女环拥，形成画面的中心。韦氏低头审视棋盘，棋已落子，棋盘最远处"九宫"正中，恰如她所默祷的落有一子。亭内棋桌、凳几和画屏都极为精美，使得整座建筑内外风格一致，显示了宋人高雅精致的生活情趣和建筑美学。

《中兴瑞应图》几个宋画传本中这座屏风画的内容各不

相同，其中一幅所绘全景花鸟画，风格清丽明快，有专家认为屏风画中的拖枝梅花画法，类似南宋马远以后的图式。（图6-12）

　　与此景物相似的是南宋佚名《女孝经图》中的《后妃章》，一座简朴的方亭，当中端坐着一位正装嫔妃，三名宫女侍立其后。而她们背后也有一座大屏风，满屏一幅山水画，溪水跌落于巨石之间，潺潺而流。（图6-13）

图 6-11 南宋萧照《中兴瑞应图》韦妃"黄罗掷将"。
台北故宫博物院藏

南宋佚名《仙馆秾花》描绘的后宫美人小聚的场面,殊难一见。南宋皇城中皇后寝殿有秾华殿,但此画所绘未必就是秾华殿。"秾花"语出《诗经·召南》:"何彼秾矣,唐棣之华(花)。"代指女子的青春美貌仿佛盛开的艳丽花朵。这也让人想起宋徽宗著名的瘦金书作品《秾芳诗帖》:"秾芳依翠萼,焕烂一庭中。零露沾如醉,残霞照似融。丹青难下笔,造化独留功。舞蝶迷香径,翩翩逐晚风。"

这幅《仙馆秾花》画上也是一庭院,虽然此时的屋顶凝霜覆雪,却见近前假山石边的美人茶开得正红,给寒冬季节平添了几分暖意和活力。画面前景的松下是一座敞轩,内坐两名女子,似乎在向外边的两名小童吩咐什么,他们背后又

有侍女数位，忙闲不一。画中女子多是褙子着装，表明了他们
处在一种日常起居的闲暇时刻。敞轩之后隔一中庭假山，是
一座四方暖亭，亭子左边有廊子相连，当可辗转内通至前面
这座敞轩，这座暖亭犹如门道，人们从此可以进出，而且画中
各式建筑的整体感和紧凑感大大增强，也增强了此画的艺术
性。（图6-14）

　　此画中的主体建筑与庭院环境相得益彰，尤其是层次分
明的建筑造型，凸显了宋代官式建筑的简洁明快、轻巧大方、
精致典雅的风格。可以留意一下敞轩的朱栏式样和万字花样，
以及它的架高台基结构和边缘雁翅板装饰纹样，里面诸多细
节透露出宫廷建筑在局部构造上的细腻和讲究，而且与院中

图 6-12　南宋萧照《中兴瑞应图》
韦妃 "黄罗掷将"。
藏者未明

163

图 6-13　南宋佚名《女孝经图·后妃章》。
故宫博物院藏

图 6-14 南宋佚名《仙馆秾花》。
台北故宫博物院藏

的花树石景呼应协调，赋予了整体建筑和园林一种雅致之美。
据专家研究，宋室南渡立足江南以后，宫室宫苑以及中央官
署、贵族府第的建筑，多有吸收南方建筑的特点和工艺，其中
最为显著的现象是，大量采用落地格子长窗，以适应南方寒
冬与夏暑气候，这在南宋院画中也屡见不鲜。有专家称，《仙
馆秾花》画中建筑将落地格子长窗安装于擗帘竿的小柱之间，

此种做法以宫苑居多，但民间也可见到。

最后来看宫中一般妃子的寝舍。还是萧照的《中兴瑞应图》，在"显仁梦神"这段画上，能大致看出妃子的寝舍场景。按照画上讲述的"故事"发生时间，那时的韦氏（即后来的显仁皇太后）只是徽宗众多嫔妃中并不"出挑"的一名妃子，因而她日常的寝舍很是普通。（图6-15）

寝舍是一座青瓦、斗拱、格子窗，四周装置围栏的水上建筑，前有一片荷叶满满的水池（右岸之上还有一片竹林），仿佛园林中的一座水榭亭阁，这或许是画家为了赋予韦氏一种高洁品格而虚构的环境。透过寝舍帘卷中开的格子窗，可见里面的寝具非常简单，一榻一帐，别无其他，而红罗帐里的韦氏正梦见神灵。韦氏榻旁坐两侍寝的宫女，寝舍左边临窗处又站立着七名使唤宫女，这七人与卧榻之间当有一座屏风相隔。寝舍的基台在水面上由柱梁和斗拱架高而成，其边缘的雁翅板装饰手法与《仙馆秾花》上的敞轩基台如出一辙，从中也可以看到宋代宫廷建筑的一种工艺。在此还需留意寝舍四周的帘子，浅黄色底帘上夹缝红带，红带上又饰有连珠菱形图案，整幅窗帘端庄而简练，宽大而密实，垂帘而下，不透

图 6-15 南宋萧照《中兴瑞应图》"显仁梦神"。
上海龙美术馆藏

图 6-16 元代王振鹏《唐僧取经图》册中沿袭宋宫建筑形制的宫殿围栏和门帘。
日本藏本

内影。这在元代王振鹏《唐僧取经图》册中，还能见到类似的门帘。宋朝宫闱禁中的情形也由此可见一斑。（图 6-16）

上述这些画境，虽然当年作画时间不一，但是可以视作对未能一见的《汉宫秋图》"内景"的补充。

三、后宫的良辰美景

七月七日乞巧节习俗源于汉代，每年也是宋宫中的一大节日。按照传统习俗，宫中女眷和宫女们在这天晚上登上穿针楼，面向银河而祈求得巧。然后还要在月光下用五彩丝缕穿七孔针或九尾针，相互斗巧，先成者谓之得巧，可见这是一项技术含量极高的游戏。

赵伯驹《汉宫图》（参见本章图 6-07）描绘的是南宋宫中乞巧节的情景。画上绘宫中庭院一景，叠石成山，芭蕉丛丛。主楼为重檐歇山顶楼阁，与前述《宫中行乐图》所绘的主建筑颇多相似之处，应是同为皇后或太后级别人物居住的宫殿。

时值炎暑季节，楼阁上的格子长窗均被卸去，门户大开，使"外人"得以洞悉里面的家具陈设，但空无一人。楼里刚刚结束了一场晚会，人都跑到室外去了，一队宫女（其中不少人许是刚才晚会上的表演者）分成两排，手有所执，赶着一头生羊，在楼前秩序井然地向左穿过假山洞，往抬梁式的城门缓缓而去。其中一女由执举雉扇的宫女陪侍，当为后妃一类人物。路旁一侧用帏幔临时搭建了"步障"，几辆牛车马

171

图 6-17　清孙祜、丁观鹏《仿赵千里九成宫
　　　　图》局部。
　　　　台北故宫博物院藏

173

车和照看牛马的赶车夫均被"隔离"在此。

有意思的是，这幅画在清代被乾隆帝"盯上"了，他发现此画在历经五百年的岁月考验后，色调已变得黑黢黢的，画中这个夜景仿佛遇到了永无光亮的命运，黑得让人不能细细品鉴。乾隆九年（1744），他招来宫廷画家孙祜、丁观鹏，叫他俩依照此画复制仿绘，以尽最大可能读懂此幅中的诸多细节。孙、丁二人不负厚望，极尽精工细作之能事，在与原作大小相似的尺寸内，重新再现了赵伯驹笔下的华美宫殿、清丽园林以及众多宫人，并于次年正月献呈乾隆帝。（图 6-17）

孙祜、丁观鹏合作的新画与赵伯驹原作两相对照，显然应属于再创之作，但它确实帮助乾隆帝读懂了不少原画的信息。乾隆帝一高兴，在新画上题写了两首绝句："参差宫殿倚峥嵘，风落云中度曲声。傍槛醴泉谁作颂，依稀犹记魏元成。""避暑当年作胜游，紫丝步障外人留。文皇讵是忘温清，婉谏随教进马周。"从新画的题名和题诗中可知，乾隆帝包括孙祜、丁观鹏，把赵伯驹所绘内容当作是唐太宗修建的九成宫景象，所以题诗中联想到了贞观时期的两位名臣魏徵（撰有《九成宫醴泉铭》）和马周，诚勉治国者要薄赋徭、戒奢华。

图 6-18 南宋李嵩《汉宫乞巧图》。
故宫博物院藏

而如果对照一下前述《宫中行乐图》，可见当年赵伯驹此画
的蓝本应该也是馒头山上的后宫苑囿。所以我们今天探寻南
宋皇城，赵伯驹《汉宫图》足可以成为一种参考。

赵伯驹《汉宫图》上还有一疑问，众女子穿越高大门楼
往高处去乞巧和斗巧，这高处又会是一个怎样的场景呢？接
下来请看李嵩《汉宫乞巧图》给出的答案。（图 6-18）

李嵩将这幅画题作"汉宫"，也是南宋宫中景物。画中一
座高墩墙面饰有类似砖雕的花纹，砌筑十分考究，而这种墙
面雕饰在北宋已有出现，如《金明池争标图》（金明池为北宋

图 6-19 南宋李嵩《月夜看潮图》。
台北故宫博物院藏

皇家园囿），宫墙上有一龙凤图案的精美雕饰（参见第五章图
5-08），可见李嵩画的这座建筑承袭了北宋宫室中的一些建造
元素。高墩下的宫门为门已洞开的抬梁式宫门，这坚实厚壮的
门禁相比南宋初期宫内"乌头门"之类的简易木门，形成了
极大的反差。门洞右侧有一蹬道直通上层，一座重檐歇山顶大
堂（原有的格子长窗也均被卸去）即建于墩台之上，大堂外
是一座架空的有雕栏围护的露台。这种利用高墩基础，在宫门
墩台之上建成架空露台的建造样式，还见于马远的《青峰夕

176

霭图》（参见第七章图7-08）。李嵩此画门洞内侧又有门可通左
边长廊。长廊两侧长窗尽去，两边各有一水池，由长廊台基下
的涵管沟通两池水流。长廊后边丛林中，一座四角攒尖亭高耸
林表。一幅尺寸不大的团扇画面，将皇城中精巧的庭院布局和
丰富的建筑形象，表现得十分精彩。

　　乞巧节之外，中秋赏月和观潮这些重要节日在哪儿过？

　　同样是观景的需要，李嵩《月夜看潮图》所绘的是一处
观潮楼阁（图6-19）。周密《武林旧事》卷七记载说，淳熙十
年（1183）八月十八日，孝宗亲到德寿宫，恭请太上皇和太
后一同前往浙江亭观潮。周密又说："禁中例，观潮于天开图
画，高台下瞰，如在指掌。都民遥瞻黄伞、雉扇于九霄之上，真
若箫台、蓬岛也。"❶可见帝后们的观潮地点有多个选择。

　　观潮胜地"天开图画"在禁中具体位置已无从知晓，但
《咸淳临安志》中的《京城图》在皇城所在的馒头山东南角，
标有"皇太后看位"❷，度其地当是北宋州治中也为观潮佳地
的馒头山中和堂旧址。李嵩此画有杨皇后"坤卦"钤印，以
及她题写的苏轼《八月十五日看潮》中的诗句（苏轼这组诗
详见第二章）。结合此画所绘场景推断，画上建筑位置极有可

❶《武林旧事》卷三
《观潮》。

❷姜青青：《〈咸淳临
安志〉宋版"京城
四图"复原研究》，
《京城图》（第351
页），上海古籍出版
社2015年出版。

能与"皇太后看位"有关。

画中临江之楼与楼前露台可谓至美至精,楼的右侧有廊,折而向后;二楼背后接出一条飞廊,直通已在画外的后楼;前后二楼由飞廊连接成一组工字形的建筑;楼前的所有被故意删去,以突出这座典雅楼阁的精致与俊秀。此画显示了李嵩界画的艺术造诣,这组阁楼也堪称宋宫建筑艺术的代表作。

杭州在南宋时即被誉为人间天堂,而这幅画上的建筑物,便是这个"天堂"中的蓬莱仙台(箫台)。

四、避暑季节的精致生活

江南夏季炎热,但江南也多湖泊河川,是以畔水纳凉也成为宋画中多见的一种题材。南宋佚名《宫沼纳凉图》(图6-20),描绘盛夏时候一名着唐人服饰的后妃,其妆容稍显微胖。她在宫女侍从的陪伴下,选在柳荫荷池边乘凉,身旁方矮几上有一硕大的冰盆,里面冰镇着饮料和水果。当时富贵人家夏天避暑,都有类似的贮放冰块以供冷饮和鲜果的器皿。

图 6-20　南宋佚名《宫沼纳凉图》。
台北故宫博物院藏

宫中避暑，又以建筑中的水殿更显华贵和精巧。

"凉生水殿乐声游，钓得金鳞上御钩。圣德至仁元不杀，指挥皆放小池头。""水殿钩帘四面风，荷花簇锦照人红。吾皇一曲薰弦罢，万俗泠泠解愠中。"[1]杨皇后的这两首《宫词》描写了大内夏天避暑纳凉时的景象，里面提到的水殿会是怎样形状的建筑呢？

我们来看李嵩的杰作《水殿招凉图》（图6-21）。画中水殿构造非常精巧，为十字脊顶。因是盛夏季节，水殿四周原有的木格子长窗俱已撤去，成为四面通透敞开的凉亭，宜于避暑。水殿之所以称"水殿"，是因为它临靠一座有桥横跨的水闸。当开闸泄流之时，附近一带水气风气必盛，极易带走暑气而取得纳凉的效果。同时水殿基座在建造时被架空，透风排湿，也宜于整个基座保持一定的干燥。

水殿当中的一名白衣女子应是后妃一类的人物，她背后数位侍女环拥，其中两名宫娥各执一把雉扇侍立其后。她看着水殿外两名小儿（小皇子）在泄流中放行两艘帆船模型，与杨皇后《宫词》描写皇帝在水殿放生不同，但临流放舟正是顽童夏日喜好的游戏。在德寿宫的现代考古中，曾发现水

[1] [明]毛晋辑：《二家宫词》卷下，上海商务印书馆1936年出版丛书集成初编本。

图 6-21　南宋李嵩《水殿招凉图》。
台北故宫博物院藏

闸遗迹，可见当时宫中是有可能存在类似纳凉水殿的。

　　这幅画上在此出现造型别致的十字脊顶水殿。在宋画中，如北宋《金明池争标图》中的湖中岛上，也有一座十字脊顶建筑（图 6-22）。李嵩所画构造非常精美，描绘非常精细，水殿及其水闸和周边环境浑然一体，极富美感，因而也成为不少人研究中国古代建筑时的关注对象。

181

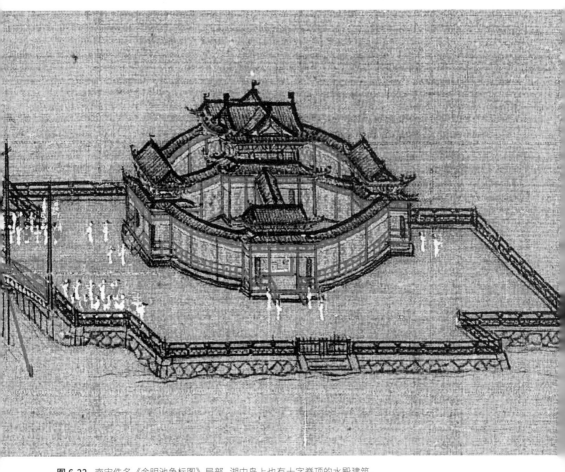

图 6-22 南宋佚名《金明池争标图》局部，湖中岛上也有十字脊顶的水殿建筑。
天津市博物馆藏

五、风云际会的舞榭歌台

2001 年，杭州考古人员在清波门东面中大吴庄小区内，发现了恭圣仁烈皇后宅，并获评当年度全国十大考古新发现之一。恭圣仁烈皇后是谁？她就是南宋宁宗的杨皇后，曾矫诏暗杀权相韩侂胄和废立太子赵竑，是当时重大政治事变中的一个重要角色。而她最初能够和还是太子的宁宗赵扩"自由恋爱"，很大程度上是因为她擅长杂剧戏曲表演。

南宋时宫廷流行戏剧歌舞，高宗赵构宫中杂剧演员中有一名号称"菊部头"的菊夫人，一出梁州曲舞非她不可，她不在戏班后，宫里的梁州曲舞就演得不着调了，让赵构看得很不舒服。孝宗赵昚每有宴饮之会，多有歌女舞姬的笙歌曼舞，或杂剧戏曲的唱念做打，丞相史浩诗中说到宫中宴饮时"泉声韵琴瑟，一洗筝笛耳"，隐晦地说到宫廷歌舞都已经有些喧闹了。

杨皇后十岁时由其养母张夫人荐入赵构皇后吴氏慈福宫的乐部，当一名杂剧童孩演员，也兼琵琶弹奏。张夫人也是一名声乐高手，吴后非常喜爱。某日吴后看戏，因张夫人不在场，总觉得这出戏演得差劲，便问左右："我记得张家夫人演技一流，如今却在哪儿？"左右称张夫人早些时候不幸病故了，不过她有位女儿很聪慧，小小年纪也善表演。于是，这杨孩儿就留在了慈福宫，常在吴后左右，长大后结识了后来的宁宗皇帝赵扩，最后还将凶险无比的"宫廷戏"一步步演到了自己出任贵妃、正牌皇后，以至皇太后。（图 6-23）

图 6-23　南宋佚名《盥手观花图》，由此可以一见宫中嫔妃的精致生活。
天津博物馆藏

185

杨皇后闲暇时喜欢写诗题句，马远、马麟等人的传世绘画上多有她的题诗。她写的《宫词》50首，大都反映大内见闻和日常生活，较为生动地保存了南宋宫廷生活状况。

其中写到歌舞表演有："上林花木正芳菲，内里争传御制词。春赋新翻入宫调，美人群唱捧瑶卮。"这是描述宫中乐班的春天排演情景。"新翻歌谱甚能奇，宣索蕊官入管吹。按拍未谐争共笑，含羞无语自凝思。"这首诗中，一名宫娥在众人面前把管乐吹走调了，遭到同伴的哄笑，宫词捕捉到小妮子羞惭害臊和暗自斟酌的这一瞬间，将其描写得非常传神。这场景许是杨皇后当年的遭遇？此外，像"海棠花里奏琵琶，沉碧池边醉九霞"和"棚头忽唤歌新曲，宛转余音出紫垣"❶等描写，都应该是杨皇后经历过的宫廷乐班生活。

宫中歌舞的场景和场面，也可以从宋画中窥其大概，如佚名之作《荷塘按乐图》《杨柳溪堂图》（图6-24、6-25）。这两幅图似乎是以两个不同角度"拍摄"了同一个演唱场景，和《华灯侍宴图》一样，只画了相关建筑场景的一角。《荷塘按乐图》属马远"边角之景"的风格，描绘了一处建于水畔的精致园林建筑，山石危岩，荷塘柳荫，一片好风景。堂前临

图 6-24　南宋佚名《荷塘按乐图》。
　　　　上海博物馆藏

图 6-25 南宋佚名《杨柳溪堂图》。
故宫博物院藏

水平台上一组乐队正为独唱者伴乐, 整齐划一, 而演唱者手
执红帕咿呀而歌, 恰是画中的点睛之笔, 欣赏歌舞的宴饮主
人却隐而不露。

第七章
山水园林宫殿的"一角""半边"

一、高台：此处山头高几许？

宋宁宗嘉泰四年（1204），辛弃疾在镇江知府任上，登临长江北固山，凭眺江北故土，写下了著名的《南乡子·登京口北固亭有怀》："何处望神州？满眼风光北固楼。千古兴亡多少事？悠悠。不尽长江滚滚流……"

辛弃疾的登高满是壮志未酬的抱憾，可是他的衷肠夙愿"弦断有谁听"？

南宋皇城所处的凤凰山以及馒头山的自然地形，使得这里很多建筑位居高处，只不知此地的主人们在登高凭眺之际，是否也有过"北望神州路"的期待？

文献记载的南宋皇城"台式"建筑也不少，有钦天台（奉天）、宴春台、秋芳台、天开图画台、舒啸台和跑台等。由

图 7-01 建于南宋芙蓉阁原址上的元代尊胜寺及镇南塔位于馒头山上,现在山顶是一片高台平地,为杭州气象站。
姜青青 摄

宋画可以看到,南宋皇城确有高台建筑。这些高台建筑既是这里的人们登高望远、观天拜月的理想场所,也是祈求上苍保佑的祝祷佳地。(图7-01)

馒头山顶在南宋时是用于观天的候台(原址为今杭州气象站)。当时司职观天观气象的机构是太史局崇文台,也称禁台、清台,位于吴山之上。大内馒头山上的候台,隶属翰林天文院。南宋东宫掌书陈世崇的《南渡行宫记》记载:"一山崔嵬,作观堂,为上焚香祝天之所。吴知古掌焚修,每三茅观钟鸣,观堂之钟应之,则驾兴。"❶可见这座观堂位于山顶最高处,有可能就是候台的一部分,只不过皇帝驾临时,观天之外还要在此焚香祝天,再有就是观景了。李嵩《高阁焚香图》(又名《焚香祝圣图》),是对馒头山上这个"观堂"比较接近的一个写照。

《高阁焚香图》画一山顶之上的园林式庭院,草木葳蕤、湖石耸立,一座高大精致的重檐双脊歇山顶楼阁巍然立于最高处。画面左侧远景为仅露尖顶的亭阁,下方近景两排厅堂屋脊,都衬托出这处楼台坐落极高。细看主楼中央,有一突出建筑结构,由底楼至二楼,覆以卷棚顶,在此构成"轩"的式

❶《历代宅京记》卷一七。

190

图 7-02　南宋李嵩《高阁焚香图》。
台北故宫博物院藏

样, 也似楼台构造, 堪称此地登高望远的最佳处。环绕二楼的
格子窗闭合, 唯有外通轩台的中堂正门敞开, 透露了里面的
主座、凳桌和屏风等精美家具。(图 7-02)

　　主楼左侧外的方寸之间, 依据坡地再起一座木结构观景
露台, 此时此刻高香弥散, 在女眷和侍女的陪侍下, 主人正祝
祷上天, 祈福求安。雁翅板平台底部立柱之间有壸门装饰, 之
上斗拱支撑平坐台面, 周边环以精巧的万字勾栏。平台与楼
阁之间又设有一藤架, 可想闲暇时候在此品茗小坐, 也有庇
荫之处, 却不碍远观四下的山水风景。

图 7-03 马远《楼台春望图》局部。
朱绍良藏

整个建筑群规模和体量并不太大，空间尺度上却很适合
建于类似馒头山这样并不十分高峻的山上。建筑结构上的飞
椽、椽檐和斗拱等木作构件均如实描绘，准确表现出宋代官
式建筑风格特点，有专家称之为等级尊贵的建筑物，也为皇
家园林与造园技术提供宝贵的参考资料。

类似的高台建筑在院画中多有所见，如马远《楼台春望
图》（图 7-03），画上老松虬枝张扬苍劲，一处精美雅致的楼
台在远山薄雾和漫野花丛的烘托下拔地而起，立足极高，登
临凭栏处，俯瞰众山小，似有一种君临天下的气象。马远《雕
台望云图》（图 7-04）上的高台在体量上则较为宏大，两座
斗拱支撑的雁翅板台基层层构筑，步步抬升，形成极高的一

处观景台（其上又有一座可拆卸的帐篷，为山顶之上遮阳避雨不可或缺的用具）。此外，辗转南渡到杭州的画院待诏刘宗古，其《瑶台步月图》（图7-05）中的赏月瑶台，也是绝高处的一座露台，台基斗拱、四围雕栏、地面铺装均为精工良造，可与《高阁焚香图》参照而观。

二、长廊：挽起一个立体空间

孝宗淳熙四年（1177）九月二十日，这天晚上轮到丞相史浩进宫陪孝宗皇帝夜读。孝宗对史丞相很厚爱，赐宴澄碧殿款待他，还准许老史坐轿子进宫。史浩很感动，回去写了一

图 7·05　刘宗古《瑶台步月图》。
故宫博物院藏

首诗记述此事，诗中写到他从东华门乘肩舆入宫后见到和遇到的情景："……复古距选德，相望几数里。修廊按云汉，岧峣璨珠蕊。中途敞金扉，恍若蓬壶里。群山拥苍璧，四顾环弱水。山既日夕佳，水亦湛无滓。冰帘映绮疏，琼殿中央峙。澄碧耀宸奎，龙神争守视……从游至清激，锡坐谈名理。泉声韵琴瑟，一洗筝笛耳。皇云万机暇，观书每来此……"❶

❶《周必大集校证》卷一七五《玉堂杂记》卷中。

史浩这首诗透露了大内宫室建筑的很多信息：其一，诗中描写虽有些夸张，但从选德殿赶到复古殿还是要走些路的。其二，宫中有长廊连接主要殿宇，而且这长廊为爬山廊，可一

图7-06　南宋佚名《高阁凌空图》。
天津博物院藏

直蜿蜒上到山顶。其三，长廊两边有围挡（应该是可根据季节拆卸的木格子长窗），相隔一定距离才会有门交通内外，人在长廊中未必可见外部情形，廊外也无法洞悉其中的动静，颇具保密性。马远的《踏歌图》、马麟的《秉烛夜游图》（参见第八章图8-08）等院画，均再现了这种长廊和连廊亭。此外，从诗中也可以看到，君臣宴饮之所澄碧殿也即皇帝读书之处，近旁有一处园林水景，跌水跳波宛如琴瑟，整个读书环境非常幽雅。

南宋皇城位于凤凰山地，宫中很多建筑必成高高下下布

图 7-07 马麟《楼台夜月图》。
上海博物馆藏

置，勾连殿宇之间的长廊过道也必定是起起落落，这在整个宫苑的立体空间上，平添了一种高低错落、远近呼应、宛转延续的美感。这种与自然山水融为一体的建筑格局和营造艺术，在中国历代宫廷建筑中是罕见的。而凤凰山以及西湖的优美自然山水，与皇城建筑的宏丽精美相衬相融，又让画院的艺术家们可从中获得有益的启发，使得画中景物更臻一种高远、旷达、清丽和精美的艺术境界，如马远《踏歌图》（参见第五章图 5-01）、佚名《高阁凌空图》（图 7-06）、马麟《楼台夜月图》

（图 7-07）等。

　　郭黛姮考证南宋陈世崇《南渡行宫记》的记载认为，皇城宫中从内朝的嘉明殿（原绎己堂）经过一条 180 开间的锦胭廊（廊外即后苑），便可通到御前主要殿宇。因地形起伏，这条锦胭廊可能为带有一定曲折的廊子。180 间的长廊长度如何？宋代建筑的廊子每间长 2.5 米左右，这样锦胭廊总长约为 450 米，可称之为宋代公园长廊之最。❶

　　再看马远的《青峰夕霭图》（图 7-08），近景是夏季时宫苑中一处站位极高的建筑群。由山下延伸而来的长廊每一个开间的格子窗都已卸去，对比马麟《秉烛夜游图》中的长廊，可以看到季节上的变化。长廊连接到一处歇山顶大堂，旋即右转出画面后，再折回上行连到一座有竹丛烘托的四面攒尖亭。亭子连同亭前平台之下是一座石砌的宫门，这座坚实的石头建筑自然成为一座高台，承载架空于其上的亭台（这种宫门顶部筑成高台再作利用的情况，还见于第六章图 6-18 李嵩的《汉宫乞巧图》）。亭台四周雕栏围护，平台上有一座临时搭建的遮荫帐篷。亭台之下的宫门入口旁两株芭蕉正自舒展，点明了现场的时令季节。整组建筑的布局和构筑都十分

❶郭黛姮：《南宋建筑史》第二章，上海古籍出版社 2014 年出版。

197

图 7-08 马远《青峰夕霭图》局部。
朱绍良藏

讲究，在并不太大的范围中，构成了一个具有丰富建筑语言的精巧空间。

三、茅屋：不仅是园林野趣

中国古代宫室发展最初有个茅茨阶段（茅草盖屋），《墨子·三辩》说："昔者尧舜有茅茨者，且以为礼，且以为乐。"《韩非子·五蠹》也说："尧之王天下也，茅茨不翦，采椽不斫。"这在以后的宫室营建中被儒家引为对社会的垂戒意义，即当国者的自我行为规范, 理性约束、调节和控制个人享乐行为, 以为"俭德", 垂范天下。《尚书》中有"农工之事, 以喻治国"的说法, 将建筑的科学营造, 视作治国之道, 两者有共通之处。❶后世宫室以茅茨、苇草覆盖屋顶, 也表明了一种崇俭的政治姿态。

北宋宫城中就有茅草覆盖的亭子。政和三年（1113）, 徽宗赵佶在东京大内北门拱辰门之外, 新修规模宏大的延福宫, 在宫内玉英殿和玉涧殿附近的宫墙边, "筑土植杏, 名杏冈, 覆茅为亭, 修竹万竿, 引流其下"❷。这座茅亭实为与杏冈自然野趣相协调的园林建筑, 并无俭约垂范的意思。

在南宋宫苑建筑中, 茅亭草屋也是一个小特色。《宋史》记载: "中兴后, 以事天尚质, 屡诏郊坛不得建斋宫, 惟设幕屋而已。其制, 架木而以苇为障, 上下四旁周以幄帘, 以象宫室, 谓之幕殿……中兴后, 惟设苇屋, 盖仿清庙茅屋之制也。"❸可见即使像祭天郊坛这样重要的建筑, 也以"尚质"的理由仅搭建草墙茅顶的殿宇。前面章节中曾讲到的绍兴三年（1133）时的赵构射殿, "极卑陋, 茅屋才三楹", 狭小的三开间殿宇也是用茅草覆盖的。此外, 周必大记载"北内"德寿

❶［清］孙家鼐等:《书经图说》有"室家堅茨图", 堅, 用泥抹涂屋顶; 茨, 用茅或苇覆盖房顶。光绪三十一年内府刊本。

❷［宋］袁褧:《枫窗小牍》, 上海商务印书馆1939 年丛书集成初编本。

❸《宋史》卷一五四《舆服·宫室制度》。

图 7-09 南宋马麟《松阁游艇图》局部。
原载傅伯星《大宋楼台》

❶《周必大集校证》卷
一七四《玉堂杂记》
卷上。
❷《随隐漫录》"佚文"
《南渡行宫记》。
❸傅伯星:《大宋楼台》,
上海古籍出版社 2020
年出版。

宫北区园林建筑, 有俯翠亭, 也称"茅亭"。❶陈世崇记载"南内"馒头山一带的宫苑建筑中, 有"茅亭曰昭俭"。❷

类似建筑在宋画中也有"出镜", 如马麟《松阁游艇图》(图 7-09), ❸画中建筑及其内部陈设典雅精致, 四周庭园树木茂盛, 盆景花卉绽放, 但主屋屋顶却以茅草覆盖, 似乎在表明屋主人对于"茅茨不翦"的尊崇。

但南宋宫中的茅亭草屋也更多体现了它的园林意趣。马远《宋帝命题山水册》之一的《水亭听竹图》(图 7-10), 画荷塘边上、竹林之间一座四角单檐攒尖茅亭, 亭中一榻, 后设屏风, 一名白衣高士(当是皇帝)且坐且卧于榻上。此画对题有宋宁宗书写的一首王安石七绝:"小雨潇潇润水亭, 花风飐飐破浮萍。看花听竹心无事, 风竹声中作醉醒。"透露了画中人闲适而又有几分无聊的心境。这座茅亭的简朴与四周竹子、荷塘的自然之风相得益彰, 呈现一种清新别致的园艺风格。马远另有《松风亭图页》(图 7-11), 描绘山上风景, 其主

200

图 7-10　南宋马远《水亭听竹图》。
朱绍良藏

图 7-11 南宋马远《松风亭图页》局部,右上亭阁的下方又有一茅亭。
台北故宫博物院藏

景右上亭阁的下方,竟藏有一座四角单檐攒尖茅亭,朴拙架构掩映于松风竹林中,颇多意蕴。

四、寺观:别开新境界

马远的雪景作品《雪楼晓倚图》(图 7-12),是从凤凰山上鸟瞰大内宫室。画上远景为掩映在山林和雪雾中的一组殿宇建筑,重檐主大殿与其他楼宇之间以长廊相连。近景楼阁主体和两侧小楼筑于石砌台基上,主楼悬空挑出部分以木柱支撑,类似于吊脚楼。细看这座楼阁,没有一般宫室建筑的那种精致,主楼三开间窗户和其余窗户均呈佛寺中的壶门状,木格子窗紧闭,仅有中间一扇打开,窗内有人在赏雪景,正向宫城方向眺望。

图 7-12　马远《雪楼晓倚图》局部。
朱绍良藏

　　此画另有宁宗题字，抄录的是两宋之际诗人陈与义的
《观雪》诗："无住庵前境界新，琼楼玉宇总无尘。开门倚杖移
时立，我是人间富贵人。"❶可见山上这座楼宇确实是寺院。
南宋佚名《金明池争标图》上，在御苑金明池围墙外有一座
皇家寺院，其主楼等级很高，为重檐歇山顶、五开间壸门式建
筑。（图 7-13）

　　另一幅南宋院画佳作《松风楼观图》（图 7-14），犹如《雪
楼晓倚图》的另一季节和角度的画作：崖上松林间的庙宇建
筑群中，高耸的主楼建筑等级也很高，重檐歇山顶，正脊两端
鸱吻甚大，但三开间的壸门形制与《雪楼晓倚图》所描绘的
基本一样。凤凰山原有初建于唐代的圣果寺，南宋时被划入
宫禁后苑，成为皇家寺院。《雪楼晓倚图》所画这座建筑很可
能就是禁苑中的圣果寺一角。

❶ ［宋］陈与义：《陈与
义集》（吴书荫、金德
厚点校）卷二九，中
华书局 1982 年出版。

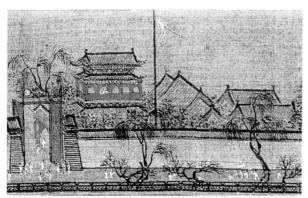

图 7-13 南宋佚名《金明池争标图》局部。
天津博物馆藏

图 7-14 南宋佚名《松风楼观图》局部。
上海博物馆藏

因为"泥马渡康王"的传说，南宋王朝对于唐人崔府君（姓崔名珏，字子玉）有特别的崇拜，高宗时加封崔府君为护国显灵真君。绍兴十八年（1148），赵构诏令兴建"显应观"于城南包家山，以祀崔府君。绍兴二十四年（1154），又分出涌金门外西湖边的灵芝寺一半之地，移建显应观，"湖水四面绕观"，风景独好。❶萧照《中兴瑞应图》描述"靖康之变"时磁州（今河北磁县）崔府君"显灵"护驾的故事，绘出了

❶《咸淳临安志》卷一三。

图 7-15　南宋萧照《中兴瑞应图》中的崔府君庙。
上海龙美术馆藏

崔府君庙的"门面",虽然仅有"半边"建筑,但构造精致美观,窗棂、栏杆等构件已然采用了皇家殿宇的朱红色,当是以南宋临安城御前宫观显应观作为蓝本的。(图 7-15)

图 7-16 南宋佚名《荷亭消夏图》局部。
台北故宫博物院藏

五、亭子：宫中数量最多的建筑

　　凤凰山在南宋时属于宫禁后苑，因而山上园亭翼然，当
是一种常景。文献中记载南宋皇城中最多的建筑是亭子，仅
仅周密《武林旧事》中讲到的亭子，就达 90 座之多——清
凉亭（宋刻作清泳）、清趣亭、清晖亭、清颢亭、清迥亭、清隐
亭、清寒亭、清激亭（放水）、清玩亭、清兴亭、静香亭、静华
亭、春妍亭、春华亭、春阳亭、春信亭（梅）、融春亭、寻春亭、
映春亭、余春亭、留春亭、皆春亭、寒碧亭、寒香亭、香琼亭、
香玉亭（梅）、香界亭、碧岑亭、滟碧亭（鱼池）、琼英亭、琼
秀亭、明秀亭、濯秀亭、衍秀亭、深秀亭（假山）、锦烟亭、锦

浪亭（桃花）、绣锦亭、万锦亭、丽锦亭、丛锦亭、照妆亭（海棠）、浣绮亭、缀金亭（橙橘）、缀琼亭（梨花）、秾香亭、暗香亭、晚节香亭（菊）、岩香亭（桂）、云岫亭（山亭）、映波亭、含晖亭、达观亭、秀野亭、凌寒亭（梅竹）、涵虚亭、平津亭、真赏亭、芳远亭、垂纶亭（近池）、鱼乐亭（池上）、喷雪亭（放水）、流芳亭、芳屿亭（山子）、玉质亭、此君亭（竹）、聚芳亭、延芳亭、兰亭、激湍亭、崇峻亭、惠和亭、浮醴亭、泛羽亭（并流杯亭）、凌穷亭（山顶）、迎薰亭、会英亭、正己亭（射亭）、丹晖亭、凝光亭、雪径亭（梅）、参月亭、共乐亭、迎祥亭、莹妆亭、植杖亭（村庄）、可乐亭、文杏亭、壶中天亭、别是一家春亭。❶（图 7-16）

❶《武林旧事》卷四《故都宫殿》。

　　亭子这种江南园林中最为常见的建筑在南宋皇城内大量出现，可见这座皇宫极具园林的意趣。其中，杭州作为江南园林的一大胜地，对南宋皇城的营建风格当有极大的影响。亭在园林中宜水宜山，宜高宜下，宜大宜小，宜方宜圆，宜子然独处，也宜纵连横并，择地和建造都非常灵活，且往往成为一片平常景象之中的"吸引点"或"转折点"。是以在宋画中，亭子也常常成为构图中的亮点，我们从中也可以想见南宋皇

图 7-17 李嵩《木末孤亭图》局部。
故宫博物院藏

图 7-18　南宋马远（传）《画雪景图轴》局部。
台北故宫博物院藏

城中精致别样的江南园林美景。

　　李嵩《木末孤亭图》（图 7-17）画一方亭，立于高崖之上，
处境高危绝险，本身就是足可观赏的一个景致。方亭体量很
小，却造作精良，台基地面精砖铺设，斗拱顶梁精巧合度，落
地木格窗挡风遮雨。亭者停也，登山至此，可小憩而观高山流
水，也可暂避风雨。山水之间有此佳构，也是步履必到之处。

　　马远（传）《画雪景图轴》（图 7-18）上的方亭，可谓是
对李嵩所绘"孤亭"的另一角度的写照。画中山岭白雪茫茫，

图 7-19 南宋朱光普《柳风水阁图》。
台北故宫博物院藏

亭阁屋顶积雪皑皑。此亭由稍远处的一座殿宇通过廊道辗转连接而来，亭前围栏又有壸门装饰，显露出宋代宫廷建筑的特点。此时，它四周长长的格子窗应落尽落，在一片彻骨寒意中形成一座可拥炉闲话的暖亭。唯有一面数扇格子窗敞亮大开，既是向外、向策马而来的访客透露亭内的人物场景，又将近旁的疏梅寒香由此悄然传送给暖亭里的主人，意趣可玩。台北故宫博物院专家认为，画上署有"马远"名款，但从笔法画意研判，应是明代画家托名所为。然而，细看画中寒松屈节挺拔，山岩石壁浓墨皴染，皆具马远余韵，故而此画曾被定为马远之作也在情理之中。不管怎样，此画必有所本，如此精巧而大方的古亭，堪为宋宫一景。

南宋画院待诏朱光普《柳风水阁图》（图 7-19）画一处富贵人家的园林一隅，以精美界画画出中间一座三面环水的

重檐十字屋脊四方水亭。亭内又以一面大屏风做隔断，通过
左侧短廊连通一座二层楼阁，整组建筑构造讲究，形态多样，
却又简明而精致，毫无拖泥带水之处。亭子周围的格子门窗
俱已撤去，池中荷叶田田，四周是迎风柳枝及掩映的丛竹，
表明了画中景物所处的季节。当然，朱光普原是汴京人，随
着宋室南渡，落脚临安城而为画院待诏。他原本擅绘田家景
物，所以此画的山水背景，颇多江南自然野趣，以致画的整
体风貌不类宫苑意境，但画中"主角"水亭的形态和风格，
仍具有十分明显的宫廷建筑色彩。像这种精巧的十字屋脊建
筑式样，在南宋佚名《金明池争标图》《汉宫秋图》和李嵩
《水殿招凉图》《天中水戏图》等反映宫苑建筑的宋画中，屡
有精彩亮相。

图 7-20 南宋佚名《金明池争标图》局部。
天津博物馆藏

六、舟桥：从桥上风景到水上龙舟

　　南宋皇城因有河道流入其中，后苑又有小西湖等园林景区，所以勾连交通的桥梁必不可少，比如"南内"就有万岁桥、清平桥、春波桥、玉虹桥等桥梁。御园聚景园中则有学士桥和柳浪桥。而"北内"德寿宫中也有小西湖，湖上建万寿桥，桥上有四面亭。

　　由此可见，在具有江南山水园林特点的皇城中，桥梁不仅仅是交通设施，它还是驻足小憩或闲坐观景的好地方。北宋末年王希孟《千里江山图》中的长桥上，就已经出现供人休闲赏景的亭子，宋佚名《长桥卧波图》和夏圭《溪山清远

212

图》中也有桥亭，并成为画中的一个主要景点。

宫廷内的桥梁更讲究构造的精致，讲究其自身的造型美感。托名张择端的南宋《金明池争标图》上的拱桥就是一例（图7-20）：一座拱形虹桥，飞跨左岸水殿与池中岛屿之间，桥头两端四角各树一杆华表，桥两旁的栏杆和望柱，都是典型的宋代结构方式；桥上一队健儿赳赳而奔，桥下一叶小舟穿洞而渡。这座拱桥据《东京梦华录》记载，就是"南北约数百步，桥面三虹，朱漆阑（栏）楯，下排雁柱，中央隆起，谓之'骆驼虹'，若飞虹之状"[1]的仙桥。

孟元老所说的此桥建筑构造在画上大致还能辨识，桥栏颜色也相吻合，从画中的"骆驼虹"坡度设计、"排雁柱"架构形态，还可以体会到宋代宫廷桥梁的结构之美。只是因为《金明池争标图》画幅过小（绢本纵28.5厘米，横28.6厘米），这座精美的桥梁其他的细节就不好观察了。而南宋绍兴年间萧照《中兴瑞应图》上出现的两座宫内桥梁，整体规模不如"金明池"的仙桥，桥面隆起的坡度相比"骆驼虹"也小得多，桥柱也非"排雁柱"式样，但它们的桥栏细节恰好补上了仙桥在此的不足，也即采用万字勾栏的构造，显得非

[1] 孟元老：《东京梦华录》卷七，古典文学出版社1956年出版。

图 7-21 南宋萧照《中兴瑞应图》中的宫中桥
梁，留意护栏构造中的万字样式。
上海龙美术馆藏

常细巧精美。(图 7-21、7-22)

　　从桥头来到水上，龙舟游湖是宫中一项重要的游乐项目。高宗皇后吴氏到孝宗内禅退位时，仍居住在德寿宫。某天，孝宗探知不远处的东园，大片临池的芙蓉花开得正好，便请吴老太后前往赏花。他们登上龙舟一边游湖、一边赏花，据说"撤去栏幕，卧看尤佳"❶。可见这龙舟设计周到，让人可以坐观，也可卧游。

　　当然，事实上无论是北大内，还是南大内，里面的小西湖是容纳不了大体量的龙舟的。杨皇后《宫词》有云："绕堤翠柳忘忧草，夹岸红葵安石榴。御水一沟清彻底，晚凉时泛小龙舟。"可见大内龙舟并不大。

　　大龙舟只能在西湖中遨游。孝宗淳熙年间，据《武林旧

❶〔宋〕叶绍翁:《四朝闻见录》(沈锡麟等点校)乙集，中华书局 1989 年出版。

图 7-22 南宋萧照《中兴瑞应图》中的宫中桥梁，万字勾栏是当时宋宫建筑的一个特点。
上海龙美术馆藏

事》记载："（孝宗赵昚）每奉德寿、三殿游幸湖山，御大龙舟。宰执从官以至大珰、应奉诸司及京府弹压等，各乘大舫，无虑数百。时承平日久，乐与民同，凡游观买卖，皆无所禁。画楫轻舫，旁午如织。"[1]李嵩《天中戏水图》（图 7-23）绘一巨型龙舟，彩画间金，雕梁花窗，华丽精致；船首即龙头，高昂张牙吐舌、宏大威严，船身通体鳞纹密布，船尾高卷上翘即为龙尾。船上亭台楼阁排布紧凑，应有尽有，俨然一座缩小版的精致庭院，也是移动的亭台楼阁。龙舟上的主楼造型为十字脊顶，可谓《水殿招凉图》中的水殿建筑的翻版，尽显宫室建筑的精巧。两座飞桥连接前后楼台，既为人行便道，也是稳固平衡船上主要建筑的"固件"，实乃奇思妙想。

我们再看《金明池争标图》，上面也有一条与李嵩画的

[1]《武林旧事》卷三。

215

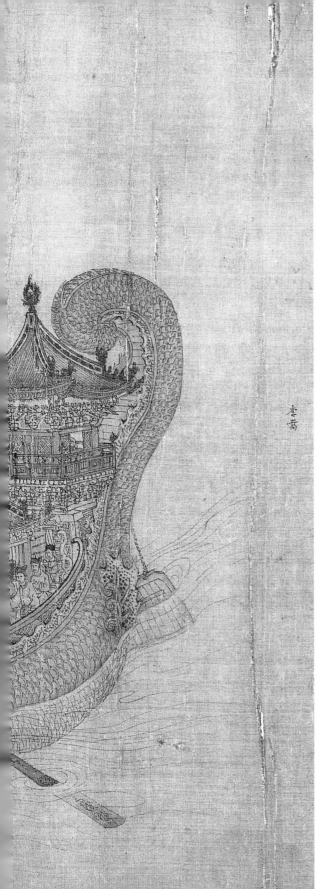

图 **7-23**　南宋李嵩《天中水戏图》。
台北故宫博物院藏

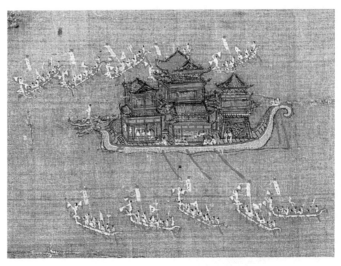

图 7-24 宋佚名《金明池争标图》局部，这条龙舟与李嵩画的很相似。
天津市博物馆藏

很相似的大龙舟（图 7-24），主楼为重檐歇山顶，但非十字脊顶。来看一下孟元老的描述："大龙船约长三四十丈，阔三四丈，头尾鳞鬣，皆雕镂金饰，榠板皆退光，两边列十阁子，充阁分歇泊中，设御座龙水屏风。榠板到底深数尺，底上密排铁铸大银样，如卓面大者压重，庶不敧侧也。上有层楼台观，槛曲安设御座。龙头上人舞旗，左右水棚，排列六桨，宛若飞腾。" ❶这段文字可以跟李嵩画上的大龙舟对照着看。

❶《东京梦华录》卷七。

1279 年南宋覆灭。到了元仁宗当政时（1311—1320），永嘉（今浙江温州）人王振鹏以其精湛的画艺被任命为秘书监典簿。凭借这一主管国家典籍的职权，王振鹏观览了元朝秘书监收藏的大量前朝图书，并为徽宗崇宁年间宋都每年三月一日开放御苑金明池，君王、士大夫和庶民共赏龙舟竞渡争标的宏大场面所倾倒。于是他参照宋人竞渡绘画作品，佐以《东京梦华录》《武林旧事》等宋人记载，以自己拿手的界画白描手法，重现了当年宋朝宫廷御苑赛龙舟的盛况。作品一出，备受青睐，索取讨要者不绝，于是他一而再再而三

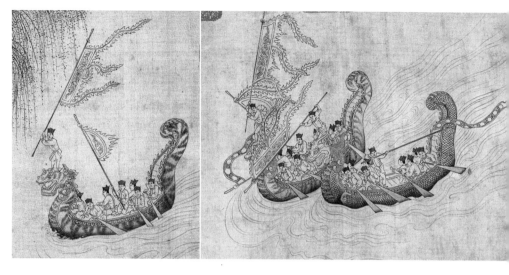

图 7-25　元代王振鹏《龙池竞渡图》中激烈的"龙虎斗"（左为虎头船）。
图左：虎头船的桨手大都由平民充当。
台北故宫博物院藏

地在"金明池"上演绎着宋人的龙舟大赛。元英宗至治三年
（1323）暮春时节，王振鹏以高超的技艺再次将这一历史性
的风俗场面生动展现在画卷上，这就是我们今天看到的《龙
池竞渡图》。（图 7-25）

　　与方形画面的南宋《金明池争标图》所不同的是，王振
鹏《龙池竞渡图》是一幅大手笔的长卷（纵 30.2 厘米，横
243.8 厘米），宋代御苑的亭台楼阁与金明池上的百舸争流，
一静一动，构成了一幅气势恢宏的鲜活场面，而且画中描绘
的很多宋宫场景和细节极具历史真实性，这就显得更为宝贵。
譬如那条万人瞩目的大龙舟（图 7-26），王振鹏的描绘一丝不
苟，再现的大宋风韵不让李嵩，且在细节上还原度极高，斗拱
结构、万字勾栏、尾舵装置等都非常清晰。当然也有王振鹏的
夸张之笔，就是为了突出十字脊主楼的尊崇地位，他把这座
建筑画成了重檐结构，所以在构图上让大龙舟的重心偏高了。
这不仅是画面的平衡问题，现实中这样的船只倾覆的危险非

图 7-26 元代王振鹏《龙池竞渡图》局部。
台北故宫博物院藏

常大。所以就界画的写实性与合理性来说，王振鹏还是稍逊
于木匠出身的李嵩一筹。

　　不过，相比长宽不足半米的《金明池争标图》，《龙池
竞渡图》两米有余的超大空间，显然给后人带来了更多的
历史细节。《东京梦华录》说道："继有木偶、筑球、舞旋之
类，亦各念致语，唱和，乐作而已，谓之'水傀儡'。又有两
画船，上立秋千，船尾百戏人上竿，左右军院虞候、监教鼓笛

图 7-27　元代王振鹏《龙池竞渡图》中的水傀儡。
台北故宫博物院藏

相和。又一人上蹴秋千，将平架，筋斗掷身入水，谓之'水秋
千'……船头有一军校，舞旗招引，乃虎翼指挥兵级也。又
有虎头船十只，上有一锦衣人，执小旗立船头上，余皆着青
短衣，长顶头巾，齐舞棹，乃百姓卸在行人也。"❶这里的"水
傀儡""水秋千"都是宋人脑洞大开的杰作，今天断难一见。
（图 7-27、7-28）

❶《东京梦华录》卷七。

　　南宋时期，"水傀儡"这样的游戏又被人搬到了西湖上。

221

周密说，官家大龙舟游湖时，会遇上围拢过来的各种民船，百
戏杂耍不宣自演，"……教水族飞禽、水傀儡、鬻水道术、烟
火、起轮、走线、流星、水爆、风筝，不可指数，总谓之'赶趁
人'"。[1]淳熙十年（1183）八月十八日，太上皇和孝宗一起来
到钱塘江边观潮，"水傀儡"又成为当时江上演出项目之一。
而像"水秋千"这样的"高空作业"则在宫廷游戏中几乎绝
迹，民间才偶有一见。宋朝灭亡后，词人张炎浪迹北方，曾写
有一首《阮郎归》回忆当年的临安生活，其中上阕云："钿车
骄马锦相连，香尘逐管弦。瞥然飞过水秋千，清明寒食天。"这

❶《武林旧事》卷三和
卷七。

222

图 7-28　元代王振鹏《龙池竞
　　　　渡图》中的水秋千。
　　　　台北故宫博物院藏

"水秋千"在张炎的记忆中，也仿佛是惊鸿一瞥。

王振鹏画作非常逼真地还原了这些宋人故事，让后人大开眼界。

七、射圃：娱乐场与竞技场

见过"水秋千"后，再回到陆地上看看宋宫里的秋千场景。

南宋宫廷绘画对建筑细部和场景细节的精心描绘，也给

图 7-29　左图为马远《楼台春望图》局部，右图为赵伯驹《汉宫图》局部。

后人带来了很多宫廷生活信息。赵伯驹《汉宫图》中有个细节：左上方门楼与远山之间的丛林中，高耸着一座彩旗飘飘的木架子。马远的《楼台春望图》右下方殿角树林之间，在朦胧月色下也有一座类似的木架子（图 7-29）。这是何物？

解开这个谜底的是马远的《楼台春望图》。此画有宁宗皇帝对题诗云："烟静云娇露已晞，昼长人困杏花时。秋千闲倚楼台看，尽日无风彩索垂。"这首诗也有可能是杨皇后的代笔，为这幅画而题写，可见此物当是秋千无疑了。而且杨皇后《宫词》中也有描写皇帝与宫女玩耍秋千的场景："忽地君王喜气浓，秋千高挂百花丛。阿谁能逞翻飞态，便得称能女队中。"陈世崇《南渡行宫记》也说："廊左转数十步，雕阑花甃，万卉中出秋千。"

细观这些宋画，在秋千架的上端还有两根横木，横木之间可隐隐看到还有一些"内容"，很像是宋代非常流行的运动兼游艺项目蹴鞠中的"球门架"。我们看《西湖清趣图》，

图 7-30 《西湖清趣图》上南宋临安丰豫门外西湖边的蹴鞠球门。
弗利尔美术馆藏

在丰豫门外就立有一座蹴鞠球门架（图 7-30）。参考明人《蹴鞠谱》中的蹴鞠球门式样图（图 7-31），可见这横木之间还有一个"风流眼"，也即皮球当从这个圈中过，方称好球，其难度似乎远比现代足球或橄榄球要高。

文献记载，淳熙九年（1182）中秋节，孝宗到德寿宫陪

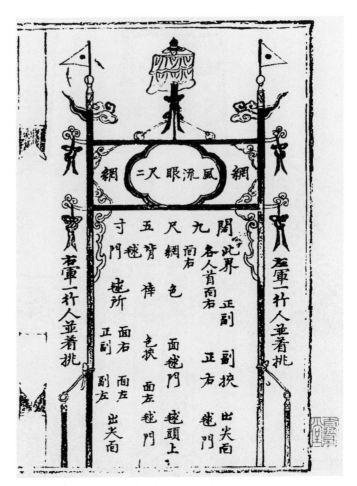

图 7-31 明人《蹴鞠谱》中的蹴鞠球门式样图。
南京图书馆藏

太上皇过节时，曾一起"观御马院使臣打球"。虽然这场球设
在德寿宫，但南内宫廷中也有蹴鞠场地和设施，杨皇后《宫
词》就说道："击鞠由来岂作嬉？不忘鞍马是神机。牵缰绝尾
施新巧，背打星球一点飞。""小样龙盘集翠球，金羁缓控五
花骢。绣旗高处钧天奏，御棒先过第一筹。""凉秋结束斗炎
新，宣入球场尚未明。一朵红云黄盖底，千官下马起居声。"
这三首诗都讲到了宫中的蹴鞠活动，而且还是骑马打球，那
场地需要足够的宽大。陈世崇《南渡行宫记》讲，在杨太后

图 7-32　南宋马远《蹴
鞠图》。
美国克利夫兰
艺术博物馆藏

图 7-33 北宋李公麟《明皇击球图》局部。
辽宁省博物馆藏

垂帘听政处慈明殿之前，有百步之长（约 150 米）的"射圃"，这很有可能被兼用作宫中球场。而秋千架和球门架在形制上也非常接近，所以也有兼而用之的可能。（图 7-32、7-33）

其实，"射圃"的本意是射箭场，是用来开弓射箭的地方。"射"本是中国古代儒家提倡的六艺之一，即上层社会和儒生需要掌握的六种技艺，具体是礼（礼节）、乐（音乐）、射（骑射）、御（驾车）、书（书写）、数（算术）等六种技艺。在儒学成为主流统治思想的时代，作为一名皇帝，理应具备文韬武略，"六艺"是必备的技能。因而宫廷中一般都建有射箭场，场边的那个宫殿叫射殿，而射箭场又称"射圃"。北宋时的射殿在内容上有比较实在的变化，更多发挥的是检阅武备、选拔武官、嘉勉将士等用途。南宋时，高宗在宫内兴建了射殿，孝宗即位后又改叫为"选德殿"，兼做与臣僚对话的内殿，选德殿边上的射箭场又兼做了蹴鞠的球场。后来陈世崇看到的

图 7-34　南宋萧照《中兴瑞应图》中的射箭场。画中描写赵构双臂举两米袋在场上行走了数百步。上海龙美术馆藏

慈明殿前的射圃，很可能就是选德殿前的射箭场兼球场。（图 7-34）

再看看赵官家是怎么射箭的。《东京梦华录》记载金明池说："宝津楼之南，有宴殿……殿之西有射殿，殿之南有横街，牙道柳径，乃都人击球之所。"❶又说到皇帝驾幸射殿射弓的情形："驾诣射殿射弓，垛子前列招箭班二十余人，皆长脚幞头、紫绣抹额、紫宽衫、黄义襕，雁翅排立，御箭去则齐声招舞，合而复开，箭中的矣。又一人口衔一银碗，两肩两手共五只，箭来则能承之。射毕驾归宴殿。"❷今天看来，赵宋皇帝的射箭讲排场，重仪式，就像是一场滑稽的作秀。

萧照《中兴瑞应图》中有射箭场的描绘，但画上年轻的康王赵构并没开弓施射，而是双臂举起两米袋，在场上行走了数百步。留意垛子（即画面右侧的箭靶）前双手在胸执"叉手礼"的两排侍卫，数数只有十六人，可见一名王子显然

❶《东京梦华录》卷七。

❷《东京梦华录》卷七。

229

图 7-35 南宋萧照《中兴瑞应图》中故事：赵构三箭射中台上匾额 "飞仙亭"，左下放大图
可见其侍从均行 "叉手礼"。
藏者未明

是不能摆出皇帝架势的。从萧照另一版本的《中兴瑞应图》
射中台匾（"飞仙亭" 匾额）一图中，可以更清晰地看到，射
箭现场赵构身边的侍从人数并不多，但那个 "叉手礼" 不能
少。（图 7-35）

第八章
宫苑草木志：在水一方"梅花碑"

一、"梅花岩"下梅花情

临安城四季分明，各色花卉四季不断，南宋皇城从外朝到内苑，从山地到路旁，无处不是花团锦簇。而在四季群芳之中，梅花是赵构偏好的一大主角。前文第四章中已有讲述，淳熙五年（1178）二月初一日曾和前来看望自己的孝宗皇帝赵昚，在德寿宫赏梅景区梅坡附近的梅堂里一起喝酒赏梅，高宗对梅花的喜好已经到了专业水准，远在宜兴张公洞和越州两地的老苔梅如数家珍。其实，在他做太上皇之前，就留下过梅花故事。

绍兴二十五年（1155）十一月十九日，冬至日。根据三年一次的祭天礼制，赵构在这天出皇城丽正门，莅临郊坛（今南宋官窑博物馆附近）举行了隆重的祭天大礼。

仪式结束后，他来到郊坛附近的斋宫，忽然飘来一阵悠悠的、若有若无的花香。细嗅之下，竟然是蜡梅香气。这可是春天的消息啊！赵构一阵兴奋，便要去附近赏梅。边上普安郡王赵瑗（即后来的孝宗赵昚）第一个叫好，亲随们也纷纷附议。于是，众人安步当车，循着那梅香，没几步路就转到了慈云岭南麓的净明寺，附近迎面一堵峭壁山体。那净明寺住持早已闻声而来，为官家探梅领路。大家被那越来越明晰的馨香诱惑得兴致高涨，披荆斩棘地往岩石深处走。费了好大劲，终于看到一座亭子，走近一看，是"筇屐亭"。❶

亭子旁边一片怪石嶙峋的山岩上，有几枝疏疏落落的蜡梅。梅枝上几只叽喳的山雀，受到惊扰，扑啦啦一飞而去。上前近看，枝头缀满了还有些青色的花苞，但也有一些生成嫩黄色，暖阳之下，星星点点的似开未开，缕缕芳香却已惊动人心。大家一片赞叹，称赏不已。（图8-01）

此情此景，当有人赋诗一首。这段梅香显然勾起了赵构的诗兴，他坐在一株老藤边的岩石上，沉吟片刻，便有了一首咏梅诗："怪石苍苔映翠霞，梅梢疏瘦正横斜。得因祀事来寻胜，试探春风第一花。"这首诗前两句写景写梅花，亮点在后

❶ 筇，音 qióng，竹子。屐，音 xì，鞋履。筇屐亭或为拟写苏轼《定风波》中"竹杖芒鞋轻胜马"的行旅意境。

山禽矜逸態
梅粉弄輕柔
已有丹青約
千秋指向頭

宣和殿御製幷書一

图 8-01　北宋赵佶《蜡梅山禽图》。
美国波士顿美术馆藏

233

两句：借着祭天一事俺来此寻幽探胜，尝试着去发现春天最早的气息。潜台词就是，寒冬腊月已将尽，关不住的满园春色，已是可以期待的事实了。

普安郡王赵瑗适时跟进，和了一首诗云："秀色环亭拥雾霞，修筠冰艳数枝斜。东君欲奉天颜喜，故遣融和放早花。"说这太阳都期待官家您笑逐颜开，特意安排了这么好的天气，让这几枝冰雪中的梅花早早地绽放飘香。这几句诗其实与平时那些御用文人做的诗一样，满是拍马屁的味道，但赵构听着非常受用。

赏梅之后，众人就近来到净明寺。那住持将赵构等人迎进寺内易安斋，香茶果子侍候。赵构小憩中，仍惦念着院外的梅花，便问住持道："这地方为何就这片山岩上有几枝梅花，有啥讲究没有？"

住持道："这片山崖虽说坐北朝南，花木众多，可偏偏就这几枝梅花特别芳香，所以此地就有了一个雅号，叫'梅花岩'，这是小寺的荣幸。不过今天官家来此赏梅，御题《梅岩诗》一首，这又是梅花岩莫大的荣幸！"（图8-02）

赵构开心地笑了，又问道："那几枝梅花与众不同，可有什

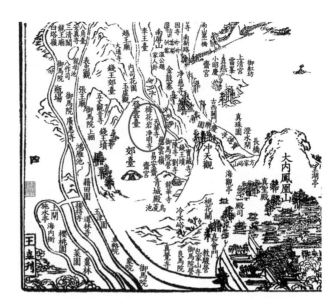

图 8-02　梅花岩在今玉皇山和慈云岭以南一带。底图为宋版《咸淳临安志·西湖图》。姜青青 复原

么说法吗？"住持道："有啊！小寺众僧都称它是'青蒂梅'。"说罢，向旁边的普安郡王赵瑗看了几眼。

赵构瞧他看赵瑗的神情，忽然明白了，禁不住在心里说道："好乖巧的住持！'青蒂'不就是'青帝'吗？这分明是在说普安郡王嘛！"想了想又问道："那梅花边上有一本古藤，这也有雅号吗？"住持双手合十恭敬答道："小寺原是天福七年（942）吴越王所建，据说那时这本藤树就已经在了，所以僧人们每每称它是'万岁藤'。"

赵构哈哈大笑，赏赐了住持一些物事，摆驾回宫了。这以后，几次郊坛祭天，赵构总要顺便来梅花岩，在那本老藤旁的大石上，小坐片刻，观梅品香。那住持继续要讨官家的欢喜，将这块石头称作"御坐石"，附近那亭子也改叫成了"梅岩亭"。赵构是真心喜欢梅花，后来又在大内后苑凤凰山的月岩附近新修了一座"梅亭"，四周遍植各种梅树。每逢赏梅季节，他少不了要来此流连一番。

前文第四章中提到过，赵构对其父皇徽宗的《蜡梅山禽

图 8-03 南宋佚名《折槛图》中的湖石景
观。此画虽是汉宫故事，但如此精
美的庭院和大红雕龙护栏，当取材
于南宋宫廷。
台北故宫博物院藏

图》《梅花绣眼图》《梅雀图》等以梅花为题
材的画似更欣赏。梅花岩的那几枝蜡梅，在他
眼里就是一幅活生生的《蜡梅山禽图》。所以
那天赏梅时，他其实比旁人更多了一点与当年
故宫生活场景意外相逢的惊喜，由此也生发了
对父皇的一段思念，这也是他内心深处常人无
法体察到的一种情感。

除了凤凰山后苑的梅亭，宫中还有春信
亭、暗香亭、凌寒亭、雪径亭、冰花亭、梅冈亭、
梅冈园、萼绿华堂等名称，都取名于梅花主题
的景观，从中可以感知大内梅花无处不在。

孤山原以林和靖梅妻鹤子著名，赵构的御
花园也就选择在了孤山。园内观景的最佳处，
有一座规模壮丽的凉堂，堂下特意植梅数百
株，形成一片梅林，由此成为他春游赏梅的一
个必到之处。

二、"官梅却作野梅开"

　　绍兴三十二年（1162）六月，赵构退位当了太上皇。他在萌生"内退"念头时，曾想到了秦桧。秦桧死于绍兴二十五年（1155）九月，之后他的家人统统搬回了建康（今南京）老家。秦桧在京城望仙桥东边的府第，原来就是赵构赏赐的，

237

所以被朝廷收回了。而坊间传说，这地儿非但可以"望仙"，还能望见"王气"。于是，赵构这就把原来的秦府改建和扩建成了自己退位后的宫室，东近临安城东城墙的夹城巷（今杭州吉祥巷），南至今天的望江路，西临中河，北在今天佑圣观路梅花碑一带，取名"德寿宫"。相对于凤凰山宫殿，德寿宫位于北边，所以又称"北大内"或"北内"。

德寿宫其实就是一座大型的江南园林。园内引水汇池成小西湖，并以此为中心，各种宫室建筑和园林花木，分布在东南西北四个区域。因为赵构喜好梅花，所以宫中也是遍植梅花。但在东区，又有一个别样的园林景观——湖石。（图8-03）

这是一块硕大而奇妙的太湖石，石面色泽苍润，沟壑相连，洞窍通透，玲珑雅致。再看这湖石的形状，如团如抱，中洞虚空，俊美而端庄，越看越像是一种绽放的花朵。什么花？是一朵金秋艳阳之下盛开的芙蓉花！

而它的奇妙之处说出来能让人咋舌不已！原来，此石看上去也就普通太湖石的那种白色，有些淡青色的自然纹理，但一经细雨打湿，隐隐泛出一种极淡的胭脂色，与芙蓉花中

图 8-04 位于凤凰山皇城后苑内的梅岩亭和梅亭。底图为宋版《咸淳临安志·皇城图》。
姜青青 复原

"醉芙蓉"的韵味极具异曲同工之妙：清晨朝露中的花朵呈白色，随后渐生粉色，午后到傍晚则已变为淡红色，一日三变，妙不可言。

徽宗赵佶曾绘有一幅《芙蓉锦鸡图》，德寿宫的这块奇石被取名"芙蓉石"。

芙蓉石被安置在梅坡边上的一块小山坡上，一旁种满芙蓉花，于是此地就叫"芙蓉冈"。这里的园林小路除了种上了菊花和松树，还有芙蓉花的衬托，于是这路名也有了"松菊三径"的雅称。芙蓉石则是这片园景的点睛之笔，在这块湖石旁，还植有一株苔梅，一石一花相得益彰。

赵眘即皇位后，郊坛那边的梅花岩他不再去了，却在凤凰山上那座梅亭边上，再建了一座亭子，就叫"梅岩亭"，也是对当年和老官家一起探访"青蒂"的纪念吧。（图 8-04）

赵眘奉承太上皇是尽心尽力的。他曾在德寿宫小西湖与太上皇一起泛舟，当时他就觉得，德寿宫望不到西湖风景，应

239

图 8-05 《西湖清趣图》上清波门外的聚景园,园内花红柳绿,楼阁掩映,学士桥和柳浪桥跨水卧波。
美国弗利尔美术馆藏

该在近城的湖边修建一座御花园,也好请太上皇时不时地去散散心,领略湖上的四时美景。他看中了清波门外到涌金门外这片临湖水草地,营建了一座叫"聚景园"的御花园。园中建有主殿会芳殿、宴饮唱曲的瑶津轩、眺望湖景的揽远堂、遍植红梅的花光亭,以及柳荫之下的柳浪桥与学士桥等建筑。沿湖又专门修筑了一道堤岸,种桑莳果,既是固堤,也是一景。花园南侧的湖边,还专门驻守了一支虎翼营水军,以保障太上皇的安全。(图 8-05)

这以后,赵构经常在赵昚的陪同下,到聚景园雅集游玩,春来红梅秋来月,今有诗酒明有歌。每次皇帝在此游乐,夜晚回宫时,侍从禁卫的仪仗队伍点起数以千计的火把,那场面非常壮观,引来围观者无数,也让临安城里热闹一时。

可是, 在经历了赵构、赵昚和赵惇这三代皇帝之后, 宁宗皇帝赵扩就不太喜欢来聚景园了。没有皇帝的御花园只能空关闲置, 渐渐地园中冷落荒芜, 建筑破败不修。

有一年初春时候, 赵昚在位时的进士高似孙偶然进了聚景园, 眼前的景象令他感伤不已, 写了一首诗说: "翠华不向苑中来, 可是年年惜露台。水际春风寒漠漠, 官梅却作野梅开。" 官家都不再来此游览了, 可惜了这里的亭台楼阁, 一年又一年地荒废着; 春寒笼罩的水边路上, 原来那些精心栽种的梅花, 现在野蛮生长, 都快成了荒郊野岭中的野花了。(图8-06)

梅花曾是聚景园的一大景观, 梅花衰落了, 聚景园也就衰落了。

只有凤凰山下的皇城中, 梅花长久盛开, 香韵依旧。赵扩的杨皇后住坤宁殿 (即后来的慈明殿), 附近有座玉质亭, 四周梅花环绕, 可以想见这里梅花绽放时的灿烂景象。那时, 大内后苑还有梅冈亭和冰花亭, 边上梅花多至千树, 春暖时候, 这里香雪如海, 蔚为壮观。

画院待诏马远的《华灯侍宴图》(参见第五章图5-19) 上,

宫中宴饮大殿前的梅花无以计数，画中题诗说"宝瓶梅蕊千枝绽"，形象地再现了宫中广栽梅树的盛况。

三、大内最爱花的女神

❶关于杨皇后名字与籍贯，参见顾志兴主编：《江上自古多才俊——三江两岸历史人物》中的相关文章介绍，杭州出版社 2013 年出版。《宋史》则记载："恭圣仁烈杨皇后，少以姿容选入宫，忘其姓氏，或云会稽人。"

杨皇后小名桂枝，睦州（今杭州淳安县里商乡杉树坞龙门墈杨家基）人。❶她称得上是大内中最爱花的女人，梅花显然属于她的一个珍赏。宁宗嘉定九年（1216）初春，宫中尊绿华堂附近的绿萼梅在冰雪中悄然绽放，一缕寒香惊动了杨皇后。马远之子御前画院待诏马麟应召入宫，以双勾填色之法为皇后写下了一幅梅花图。

图 8-06 南宋萧照《中兴瑞应图》庭院一景，远近三棵花朵绽放的梅树，枝干曲折如虬龙一般。所谓"官梅"便是这种经过人工精心造型的梅树。
藏者未明

但见从画外探身而入数枝梅花，用它那细秀而劲挺的身姿"打破"了这片冰寒空洞的世界。枝头上的梅花或含苞欲放，或灿然绽放，随着枝干的扭曲，花朵也转动姿容，八面玲珑。那花瓣层层叠叠、如绢似纱，却又仿佛蝶抱枝梢，沉醉花香，轻盈之中、俏丽之间，尽显冰清玉洁！画面上大片的留白更让人思绪悠悠、浮想联翩——非有如此之大空间，不足以散发缕缕幽香，这花香天地便是皇后世界！（图 8-07）

杨皇后大喜，欣然题名《层叠冰绡图》。她兴之所至，又吟诗一首："浑如冷蝶宿花房，拥抱檀心忆旧香。开到寒梢尤可爱，此般必是汉宫妆。"末了还盖上了自己"丙子坤宁翰墨""杨姓之章"的两方印。这首诗饱含着恭谨谦逊，臣妾最大的依靠就是官家，多年来官家给予的种种恩泽难以回报，但今天这般素雅、清丽的花容必能讨得官家的欢心。

那么，如今的官家真喜欢绿萼梅这种冰绡

渾如冷蝶宿花房
擁抱檀心憶舊香
開到寒梢尤可愛
此般必是漢宮粧

層疊冰綃

图 8-07　南宋马麟《层叠冰绡图》，上有杨皇后题诗和钤印。
故宫博物院藏

图 8-08　马麟《秉烛夜游图》。
台北故宫博物院藏

之美吗？

仲春三月，夜凉如水，还是让人感觉有些寒意。夜深已在二更三更之交，皇城内半山腰海棠园里的这座"照妆亭"，包括连通它两边的长廊上，所有的格子门窗均已紧闭，唯有亭子的一扇门还开着。亭子中的御炭炉发散着均匀的热量，使得这里即使已在深夜了，依然温暖舒适。

此时，官家赵扩一身白色道袍，就坐在亭子中的一张交椅上，一些侍从叉手伺奉于左右。深更半夜的，他在干吗？（图 8-08）

他在宠着自己的心爱。

循着他向亭子外观望的眼光可以发现，一座座已经点燃烛火的银座烛台，正摆放在一片树林中的地上。夜色太浓了！
浓得这星星点点的烛光根本无法将其化开。但正是这朦朦胧
胧的烛光，恰到好处地烘托出一片雾蒙蒙的粉红色——大片
的海棠花已悄然绽放。

照妆亭所在处是宫中的一个海棠园，附近还有可以品赏
海棠的灿锦堂。此时，赵扩像宠爱他的一个妃子那样，在照妆
亭中为这片海棠花寒夜立中宵。

忽然想起今晚的聚景园，那恐怕真的就是一座"冷宫"。
聚景园的冷落，有其一定的道理。因为赏花是个具有个性化
色彩的活动，每个人都会有自己情有独钟的名花异草。而且，
地处江南、植物繁茂的临安城远胜汴京城，凤凰山下有的是
花花草草，来这里的皇帝都有极大的选择空间，未必一定要
承袭上辈的癖好。

可不是嘛，赵扩就更喜欢海棠花。

昨晚，他在海棠园灿锦堂刚读到东坡先生的《海棠》诗：
"只恐夜深花睡去，故烧银烛照红妆。"便想着在海棠园中的
照妆亭近距离领略这样的诗情画意。今晚，为了能够看到今
春第一朵海棠花羞答答的笑靥，他成了一名不知困倦的"守

夜人"。而明晚，或许为了能够看到烛光下的海棠那迥异于白天的风韵，他会继续加班加点扮演"守夜人"的角色，哪怕夜已深，伊人不知倦，却怕海棠睡去明日渐已老，他会静心守候这片烛光，守候这最美好的时刻。

这一夜的花事或有喜讯再传。

然而，这场花会还是稍嫌无趣，官家真的是孤家寡人，杨皇后并没有陪他一起共度这花开时候，也没有文人雅士陪他吟诗作画。赵扩生性懦弱，他是被迫"黄袍加身"的。他把整整一任的官家，扎扎实实做成了一个"傀儡皇帝"。先有韩侂胄，后有史弥远，他始终被他们把持着、操纵着。傀儡的花事真不叫事儿，哪会有什么值得一书的喜事？

嘉定十七年（1224）八月，赵扩驾崩。在权相史弥远的一手"导演"下，京城御街上演了一出"狸猫换太子"的大戏，太子赵竑竟然被魔术般地废黜了，原先与官家帝位八竿子都打不着的沂王赵昀，被扶上了皇位，而赵扩遗孀杨皇后，则自然升级为杨太后。

赵昀当时还是毛头小子一个，杨太后便根据北宋太后的"故事"垂帘听政。但实际大权仍被史弥远把持，太后听政只

图 8-09 南宋苏汉臣《秋庭戏婴图》，两位儿童在
芙蓉花庭院中专心游戏。
故宫博物院藏

是一个名义，连做做样子都可有可无。因此，杨太后的听政场所，不在外朝正衙文德殿，而是在后宫她的寝宫慈明殿（原称慈宁殿）。

说到慈明殿，让人又想起芙蓉阁。

芙蓉阁是南宋皇城中的一大建筑，但未必一定是用来欣赏芙蓉花的。早在淳熙四年（1177）的九月二十二日，正是芙蓉花盛开的时候，官家赵昚来到芙蓉阁。但出人意料的是，赵昚来此只是为了居高临下，观看一帮宫中侍卫和内侍在射殿球场里打马球。球赛结束后，赵昚又去了边上选德殿大快朵颐。在当天大内的"热点新闻"中，并无一句芙蓉花的消息。（图 8-09）

那么，芙蓉阁仅仅是个挂挂牌子的虚名，还是名副其实确有芙蓉花的绰约身影存在？答案应该是后者。

芙蓉阁在馒头山上，慈明殿恰好也在山上，两座建筑之间也就几步之遥。

陈世崇《南渡行宫记》记载，在慈明殿的位置可以看到左前山下一座方圆百步大小的射圃，就是当年赵昚观看马球的那个场所，在此可以射箭、蹴鞠或荡秋千。射圃四周都是长

249

千李傅得種
二月始敷華

图 8-10 南宋佚名《杨皇后题宋人桃花图》。
台北故宫博物院藏

廊,往西是附带十二间房的博雅楼,往东数十步的路上,雕栏
花甃,万千花卉中,可见竖立在射圃的秋千架。慈明殿向南正
对,可见阳春亭和清霁亭,前后种着大片的芙蓉花和桂花。

生活在这样一个花团锦簇的大花园中,一年四季可举办
各种主题的赏花大会。传世的多幅宋画与她有瓜葛,如《杨
皇后题宋人桃花图》《樱桃黄鹂图》和《胆瓶秋卉图》等。后
苑中有桃园"小桃源"和观桃处"锦浪亭",可见南宋宫廷
中春日品赏桃花也为一件盛事。这幅桃花图上的桃花笔触细
腻,浅敷薄染,赋予花枝一种灵秀生动、超凡脱俗的品味。杨

250

图 8-11　南宋佚名《樱桃黄鹂图》。
上海博物馆藏

皇后为这幅题诗说："千年传得种，二月始敷华。"引用仙桃树三千年才结一实的典故，盛赞这枝桃花的不同凡尘。（图8-10、8-11）

　　桃花时节也是樱桃待红的季节。嘉定六年（1213），后苑的樱桃红了，画院的画师应时给她描绘了一幅《樱桃黄鹂图》，上面两只轻灵的黄鹂，一立一啄于红果累累的樱桃枝头，两相照应，顾盼生辉。加上画师疏密有致的构图和勾勒精细的描写，一幅活灵活现的晚春光景图展现眼前。此画在现代曾是上海收藏大家吴湖帆的藏品，据他考证，画上题名

图 8-12 南宋佚名《胆瓶秋卉图》。
故宫博物院藏

"樱桃黄鹂"及其左侧一行小字"上兄永阳郡王",都是杨皇
后的笔迹,小字上钤印她的嘉定六年用印"癸酉年春杨姓之
章",这表明了此画后来杨皇后赠予了其兄杨次山,算是分享
了一段宫中春色。

　　宫苑中建有赏菊的晚节香亭,《胆瓶秋卉图》上绘的菊
花,或许就是采于此。画中一精致瓶架上坐一蓝釉长颈瓶,内
插数枝菊花,花朵以勾勒法填作浅黄色,别有一种鲜灵秀雅
的神采。花叶以没骨法画出,枝繁叶茂恰到好处,画页左上题
诗一首:"秋风融日满东篱,万叠轻红簇翠枝。若使芳姿同众
色,无人知是小春时。"这墨迹颇似杨皇后手笔。(图 8-12)

　　也许是与杨姓有关,她对湖畔路旁的袅袅杨柳枝也情有

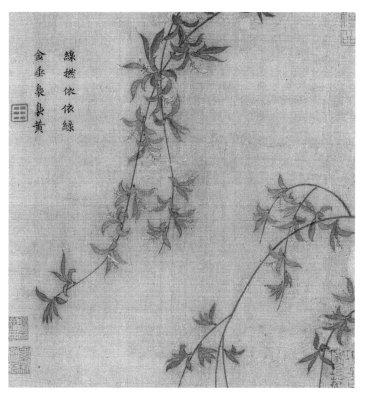

图 8-13 南宋杨皇后（传）《垂杨飞絮图》。
故宫博物院藏

独钟。传世宋画《垂杨飞絮图》就曾被认为是她的手笔，当然也有人不以为然，认为这是画院待诏的代笔。可甭管怎么说，画上这两行题句"线捻依依绿，金垂袅袅黄"，确确实实就是她的笔迹，后面钤盖的皇后"坤卦"形印（与皇帝"乾卦"印相对）毫无疑问是她的专用印鉴。此画构图疏密有致，赋色淡雅，四枝垂柳在春风中袅袅生姿，极富动感。枝叶间星星点点的黄色杨花已然盛开，可以想见即将释放的柳絮那种漫天飞舞、无处不到的景象。这使得简单的几枝杨柳，也别具深意。（图 8-13）

今天已是杭州市市花的桂花，在南宋皇城中也多有栽种，只是传世至今的宋画中很少见有以桂花为题材的画作，南宋

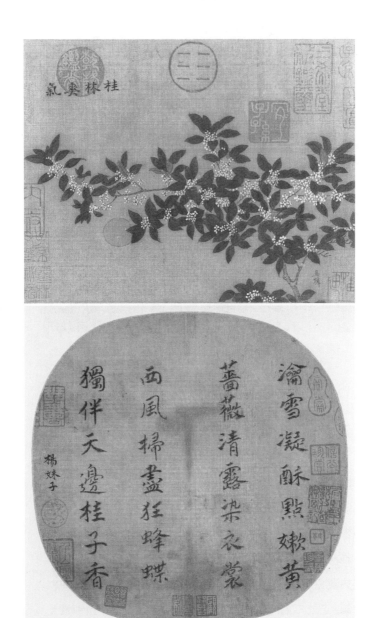

图 8-14 上图：南宋马麟《花卉册·桂林爽气》，台北故宫博物院藏
下图：南宋杨皇后《瀹雪凝酥七绝团扇》，美国纽约大都会艺术博物馆藏

画院待诏马麟的《桂林爽气》是难得一见的描绘桂花的宋画。此画题名为杨皇后所题，似乎透露了小名唤作"桂枝"的她对于画中桂枝的钟爱。《桂林爽气》以写实技法描绘一枝横向展开的缀满花朵的桂枝，乍一看构图思路似乎很一般，但细品花叶之下那一轮圆月，恍然而悟这枝桂枝站位极高，不仅有一种横空而来的气势，也契合了"桂子月中落，天香云外飘"的诗境，尺幅小卷，堪为佳作！

杨皇后为另一幅宫中画师的蔷薇团扇画楷书题写《瀹雪凝酥》七绝诗，此诗原是两宋之际江西诗派诗人韩驹写的《木樨》："瀹雪凝酥点嫩黄，蔷薇清露染衣裳。西风扫尽狂蜂蝶，独伴天边桂子香。"诗后署名"杨妹子"并钤龙文朱文圆印。杨皇后引用这首诗，透露出她在后宫复杂环境中力压群芳、独占鳌头的得意劲儿。（图8-14）

只可惜，后来成为皇太后的她，却没了这番春风得意和闲情逸致。

史弥远大权在握，朝廷上下都是他的跟班，杨皇后和她刚死去的先帝一样，也不过一傀儡罢了。她早年可是宫中一等一的"狠角儿"，权倾朝野的韩侂胄就是在她的决断下，被史弥远等人干掉的。但现在时过境迁，她却只能在这位老权相的铁腕下苟延残喘。如此不堪，昨天的杨花、海棠花再生动，今天的金桂、银桂再浓郁，明天的芙蓉花再妩媚，对她而言还有什么意义呢？

四、劫波渡尽"梅石碑"

岁月荏苒，光阴如梭。宋恭帝赵㬎德祐二年（1276），元兵占领临安城。第二年，元朝忽必烈至元十四年（1277），凤凰山下燎火一炬，南宋皇城化为焦土，从此以后，多少廊腰缦回、檐牙高啄、雕栏玉砌、琪花瑶草，都成了梦里画图。唯有当年德寿宫历经沧桑岁月的一本苔梅和那块芙蓉石，续写着宋宫遗韵。（图8-15）

德寿宫在孝宗淳熙十六年（1189）禅位入住时，更名叫作"重华宫"。光宗绍熙五年（1194）孝宗去世，宁宗即位后，重华宫又改名"慈福宫"，以奉养高宗皇后吴后。宁宗庆元三年（1197）吴氏去世后，又为孝宗皇后谢后居所，再更名为"寿慈宫"。宁宗开禧二年（1206）二月二日，寿慈宫前

图 8-15 德寿宫出土的酒坛封泥,印戳标示了酿酒原料、用水和酒品,有点葫芦里装"梅花酒"的味道。
杭州市文物考古研究所 提供

殿火灾,谢氏复回"南内"居住。这以后此地逐渐荒废,直到度宗咸淳四年(1268),以原"德寿宫"故址北部一半新建御前道观"宗阳宫"(附近中河上的桥因而称"新宫桥"),舍弃其余南部一半作为民宅。

宗阳宫入元后,原来德寿宫园中的花木山石、园林建筑还有遗存,风貌依然,常被文人凭吊酬唱,元人杨载《宗阳宫望月》犹云:"老君台上凉如水,坐看冰轮转二更……不信弱流三万里,此身今夕到蓬瀛。"❶元代大德年间,宗阳宫曾是宋末元初著名道士杜道坚住持的道观。江南宿儒任士林曾得到时任江浙儒学提举赵孟頫的帮助,借得宗阳宫门西两间房,设馆授徒。(图 8-16)

明代永乐时,宗阳宫花园改成市舶司,嘉靖中又改为南关公署,原来在此的梅石成为公署后花园的一景,因而又有梅花厅,匾题"梅石双清"。明代时芙蓉石旁的宋梅,枝干茂密,据称花繁叶茂时冠盖可荫及三亩之地,被誉为"德寿梅"。明末时浙派画家蓝瑛、孙杕同游此地,看到老梅古石尚在原处,便合作而成一幅梅石图,并依图刻成梅石碑,立碑于此。

❶ [清]顾嗣立:《元诗选》初集卷二七,中华书局 1987 年出版。

257

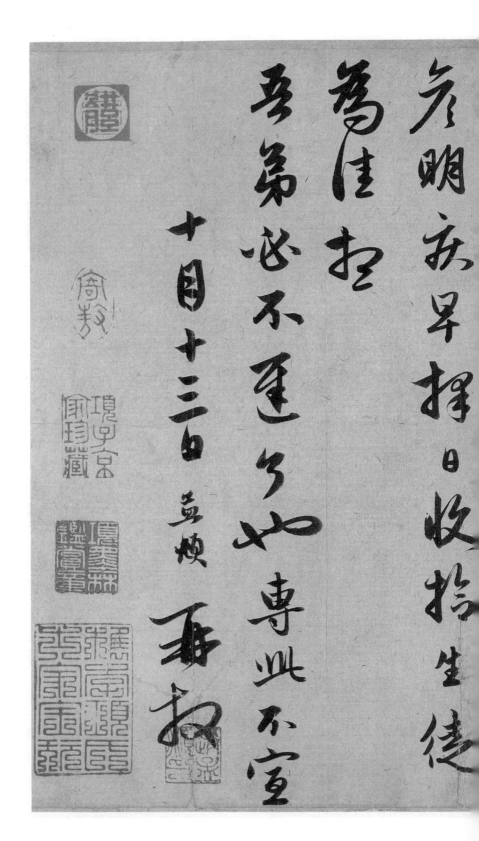

多明疾早揮日收拾生徒
為佳但
吾兄必不遠夕如専興不宣
十月十三日至煩　再拜

图 8-16 赵孟頫《宗阳宫帖》提到任士林借房宗阳宫设馆授徒一事：孟頫记事再拜彦明郎中乡弟足下：前者所言宗阳宫借房，请任先生开讲，今已借得门西屋两间。彦明疾早日收拾生徒为佳，想吾弟必不迟了也。专此不宣。 十月十三日，孟頫再拜。
故宫博物院藏

259

图 8-17　清乾隆《南巡盛典》中的"宗阳宫"，还可一见院中称之"一丈峰"的芙蓉石，右上远景为吴山

——杭州此地终以"梅花碑"成名。

入清以后，古梅终于先碑石而香消玉殒。

乾隆十六年（1751），时值清明，微雨初霁，又一名"高宗"皇帝到访德寿宫故地，他就是清高宗乾隆皇帝。乾隆帝第一次南巡到杭州时，慕"梅花碑"之名，特意去宗阳宫寻访蓝瑛遗迹。却见古梅已偃蹇枯槁多时，唯有芙蓉石依然完好。乾隆在石上抚摩良久，不舍而去。

作陪的地方大员见皇上在芙蓉石上摸了好长一段时间，知道他心里特别喜欢。于是，第二年乾隆帝回京不久，这个"马屁精"官员就把芙蓉石作为一件贡品，用船运至北京。乾隆帝表面上也客气了一下，心里着实高兴。在他看来，此石"化石玲珑佛钵花"，从背后看上去犹如佛家钵盂，因而又赐芙蓉石新名为"青莲朵"，御笔题字刻于石上。还即兴写下了五首诗，抒怀写意。其中一首说："傍峰不见旧梅英，石道无情亦怆情。此日荒凉德寿月，只余碑版照蓝瑛。"[1]写出了他当时吊古的情形。（图 8-17）

[1] ［清］爱新觉罗 · 弘历:《御制诗集》二集卷三一收入此诗，文渊阁四库全书。

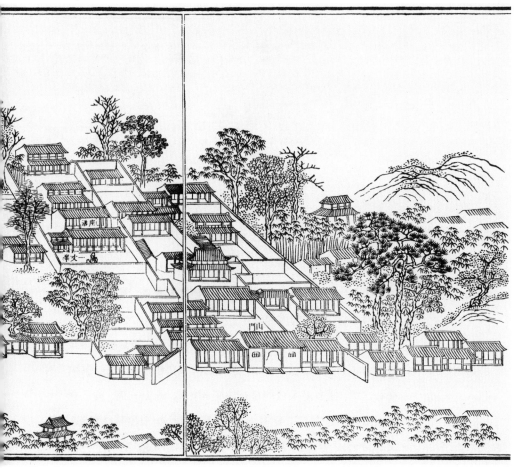

　　乾隆帝将"青莲朵"置于圆明园太虚室前，成为园中的"茜园八景"之一，也是他在茜园中题咏最早和题诗次数最多的一景。❶

　　乾隆三十年（1765），乾隆帝再次南巡杭州，故地重游梅花碑。这次他看到的梅石碑非常糟糕，石身断裂，碑面剥蚀，漫漶难辨。

　　惋惜之余，他也发现了自己的一个错误。原本他根据《浙江通志》记载，一直以为梅花碑上的梅石图像只是蓝瑛所绘，现在却发现，碑上那棵梅花其实是孙杕所作，湖石才是蓝瑛

❶茜字形容芳鲜茂盛，茜园取义园中嘉木名花、闲苔芳草与山水叠石自然妥帖，宛如文章锦绣、文理天成。参见端木泓：《圆明园新证——长春园茜园考》，《故宫博物院院刊》2005 年第 5 期。

的手笔。于是他命人依据断碑上蓝、孙原来墨迹，重新摹刻了一块梅石碑，置于旧碑原处。

隔了两年，乾隆三十二年（1767），某天乾隆帝游圆明园时看到了青莲朵，触景生情，想为这块来自杭州的奇石，重结梅石之缘，便命高手依照杭州梅花碑拓本，再刻一碑，置于青莲朵旁。碑上少不了要镌上他题写的刻碑始末和吟咏诗歌。如有诗云："春仲携来梅石碑，模经冬孟始成之。不宁十日一水就，惟以万几余暇为。孙林那须留石缺，蓝瑛实未写梅姿。为怜漫漶临新本，笑有人看漫漶时。"[1] 讲了重刻梅石碑的经过和对原图作者的再认识。

北京这块梅花碑和芙蓉石，在 1860 年英法联军焚烧圆明园时，一起幸免于难。劫后余生的芙蓉石已非当年完整形貌，尤其是背面石体颇有残损。现存原石最高处 145 厘米，长约 228 厘米，石厚最大值为 123 厘米，周长最大值 572 厘米左右，基座通高 81.5 厘米，上表面面宽最大值 222.5 厘米，进深最大值 140 厘米。[2]（图 8-18）

1914 年至 1915 年间，时任段祺瑞北洋政府交通总长的朱启钤先生，在故宫旁的社稷坛建"中山公园"时，在圆明

[1] 《御制诗集》三集卷五二收入此诗。

[2] 《圆明园新证——长春园蒨园考》。

图 8-18 现在北京的南宋芙蓉石正面,左上角的"青莲朵"名称为乾隆皇帝所改。
杜恩龙 摄

园的废墟中找到了梅石碑和青莲朵。于是梅石碑被移至燕京大学(北京大学前身)至今,芙蓉石则被移至中山公园。

但这不是故事的结局。

五、失之东隅,收之桑榆

1991 年,北京,未名湖畔。

杭州文史专家丁云川先生在公干之余,信步来到了著名学府北京大学。校园里的未名湖虽然"未名",却是丁云川早已耳熟的北京一大名湖。

就在这湖畔不远处,他忽然看到一个非常眼熟的图像——那是一块古碑,中部偏右刻画着一块太湖石,窦穴玲珑,天然奇秀。湖石左侧傍依一株老梅,疏影横斜,花朵满枝。

263

第八章 宫苑草木志:在水一方『梅花碑』

整个图画清丽素雅，勾勒精妙。

这一石一梅令丁云川恍然如梦，因为这画面他太熟悉了，这不就是杭州梅花碑附近的那块"梅石碑"吗？他分明还记得儿时的那一幕，在父亲的带领下他去梅花碑看到了这块杭州的名碑。还记得当时父亲告诉他，硕大的碑上那些题刻的诗文是乾隆皇帝写的。儿时情景，一晃就是半个世纪。而杭州的这块名碑在20世纪60年代以后不知下落，杭州著名之地梅花碑因碑石损毁而徒有虚名，他也曾为此连呼可惜。

1988年，杭州上城区人民政府在梅花碑旧址修建"梅石园"时，曾四处寻访原碑图样，甚至派人赴京寻找梅石碑下落，都未能如愿。最后只好请画家张耕源根据蓝瑛的其他传世作品，创作了一幅新的梅石碑，梅姿石韵迥然不同当年，"梅花碑"原有文脉其实已然中断。

丁云川摩挲古碑细细鉴别，千真万确，这就是他儿时印象中的那块梅石碑！梅花湖石、乾隆题字，一样不少，全在上面！他欣喜万分，抚碑摩石，一个念头涌上心头：要是能将它带回杭州，该有多好！

从北京大学出来，丁云川直奔海淀区文保所。他向文保所工作人员提出了拓一纸梅石碑的想法，但被对方一口拒绝。梅石碑是文物，不能随便拓的，个人要拓则更不可能。丁云川吃了个闭门羹，人生地不熟的他也无可奈何，只好悻悻回杭。

次年春上，丁云川又到北京，公干之余无心游景，想到的还是那块梅石碑。他再次踏进了海淀区文保所。这次他见到的是王宁所长。说明来意后，王宁也是婉言相拒，说是梅石碑不能拓，确实有特殊情况要拓的话，也一定要经有关部门同意。丁云川一听"有关部门"这几个字，心里顿时燃起了希望。

他去找了一些在京的校友学长。谈及梅石碑之事，这些校友都认为他是在为杭州做一件好事，愿尽力相助。功夫不负有心人，终于，在几路关系的疏通下，包括著名书法家启功先生的襄助，文保所同意了拓碑一事。但他们对丁云川也约法三章："梅石碑拓本只能作为藏品保存，不得进行买卖……"

回杭以后，丁云川生怕夜长梦多，又几次与文保所通电话询问拓碑事宜。这年国庆节后，他终于收到了王宁所长寄来的一封挂号大邮件。打开一看，一幅精心拓就的梅石碑拓本展现在眼前。

图 8-19 丁云川藏本（现藏西湖博物馆）梅石碑拓片。
沈立新 提供

　　拓片高 180 厘米，宽 103 厘米，图画题字用笔遒劲，摹刻勒石手法精湛，堪称大碑杰作。原碑右下方无字无图处缺一角，虽无伤大雅，但现在拓碑人在缺角处钤上了"岳升阳拓"一印，压住虚空，使得整体画面格局保持了平衡，可谓得宜。（图 8-19）

　　丁云川年逾古稀的老父亲见此感慨万千，叹道："想不到有生之年还能再见到梅石碑！"

　　面对这份来之不易的拓本，丁云川认为应该发挥它的最大价值，珍藏家中，并非其最好归宿。于是，2005 年西湖博物馆建成后，他将拓本捐献了出来。"我最大的希望是能在现在的梅石园里，按拓本原貌恢复梅石碑"，丁云川说。又是几经努力，上城区建设局于 2007 年 8 月 25 日启动了梅石碑恢复工程。

　　可是，这项工程进行得并不顺利。梅花碑复刻的最大难度是两处乾隆帝的御书题跋，字数多而小。上跋 224 字，字径 2 厘米，钤印 3 枚；下跋 197 字，钤印 2 枚，两题均是乾隆帝的御笔行草字体，潇洒漂亮。而北京大学的梅石碑因为风化，导致拓本上的部分印章及文字辨认不清。

经多方请教书法家，得以一一识别，例如两方风化漫漶的乾隆印章释文是"涉笔偶值几间""意静妙堪会"。然而，要摹它上石镌刻，保持原有神韵，又绝非易事。几经周折，全国重点文物保护单位岳飞墓（庙）文物保管所文博馆员沈立新先生，成为镌刻梅花碑的最佳人选。

沈立新接手摹刻工作后，为使新碑达到神形兼备的最佳效果，在传统碑石镌刻技术手段的基础上，采用最新计算机技术，与杭州精诚电脑图文雕刻中心合作，对拓片做高清扫描，然后梅石图像部分采用计算机刻字，两款乾隆题字和钤印，也就是最难的部分，用照片感光技术做成丝网印版，印于石上后再进行手刻。这种将计算机新技术与传统手工雕刻工艺相结合的刻碑技术，在当时是一次全新的尝试，并取得了成功。

2009年7月13日，根据丁云川捐献的西湖博物馆馆藏拓本复制的梅石碑，终于重现于南宋德寿宫后圃遗址——佑圣观路梅石园。新碑身高179厘米，宽81.5厘米。绝迹杭城近半个世纪的一大胜迹也得以复原。虽是明人作品的一再翻版，终显宋宫园林的天人之作。

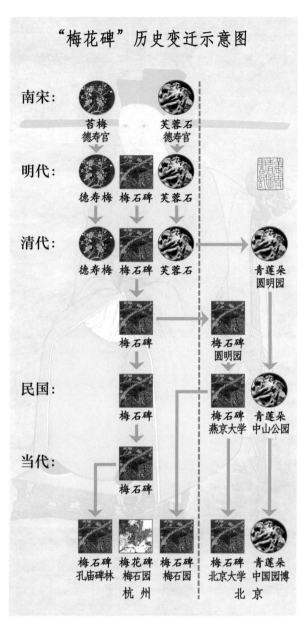

图 8-20 "梅花碑"历史变迁示意图。
姜青青 制图

　　2013年5月，一直待在中山公园露天里的芙蓉石，又被迁至北京中国园林博物馆，安居室内，而成为了镇馆之宝。（图8-20）

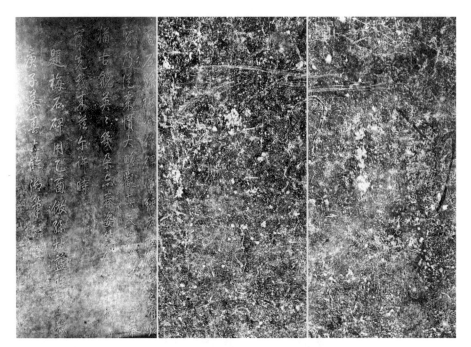

图 8-21 清代乾隆重刻的杭州梅石碑，右中两图为正面局部，剥蚀风化图像难辨。左图为背面乾隆帝题诗。杭州碑林藏

梅石故事至此，似乎该画上句号了。然而，还有一个未解之谜，即清代原刻的杭州梅石碑真的就此消亡了吗？

答案是：它仍然存在于世。

劳动路杭州孔庙东距佑圣观路梅石园直线距离 1.2 公里。这座从南宋延续而来的学府，辟建有杭州碑林。2008 年孔庙复建一新，碑林以一池水庭为中心，四面因地制宜构建了石经阁、法帖廊、星象馆等建筑，其间假山花草点缀，曲折回廊相连，俨然一座江南园林小庭院。在水庭东侧的长廊中，建有一座玲珑园亭，匾额题作"环璧琳琅"。走近可见这是一座碑亭，正中矗立着一块大碑，碑石以燕石为材，至今依然完整。在碑林收藏的近 500 方碑石中，此碑位置显著，可见它的文化厚重。

可是细看这方碑石，白花花一片，根本看不清图文痕迹，碑文大意无从谈起。

那为什么还要将它凸显在此呢？转到碑阴，奥妙尽现！可以清晰看到这里刻写了乾隆四十五年（1780）的一首御笔题诗：

> 蓝石孙梅合作碑，曾经考证仿图之。
> 有疑质乃从来惯，大略观其夫岂为。
> 落落一拳犹古貌，英英几朵亦春姿。
> 笑他四柱新亭覆，先我来兹尔许时。❶

❶《御制诗集》四集卷
七〇收入此诗。

此诗殊无韵味，但足可明证，它就是当年一度失踪的梅石碑原碑！石碑两侧，还刻有乾隆四十九年（1784）御笔书写的一副对联：

> 名迹补孙蓝，还斯旧观；
> 清风况梅石，寓以新题。❷

❷［清］高晋：《南巡盛
典》卷八六收入此联，
文渊阁四库全书。

它何以会在这里？改革开放以后杭州大兴旧城改造，城内各处但凡发现碑碣石刻，大都送归孔庙收藏。这方梅石碑很有可能就是在那时，随着其他古碑一起流落到此。从它失

图 8-22 杭州碑林"梅石碑"碑亭。
姜青青 摄

踪到去孔庙被重新发现之前，又极有可能因为碑阳朝上而备
受磨砺，以致漫漶不清，让人无法辨识。由此，与梅石园重建
失之交臂。（图 8-22）

风雨沧桑，地老天荒。有位"佳人"，在水一方。

参考书目

一、文 献

［唐］李林甫等：《唐六典》（陈仲夫点校），中华书局1992年出版。

［宋］乐史：《太平寰宇记》，上海商务印书馆1936年出版丛书集成初编本。

［宋］司马光等：《资治通鉴》，中华书局1956年校点本。

［宋］苏轼：《苏轼文集》（孔凡礼点校），中华书局1986年出版。

［宋］陈与义：《陈与义集》（吴书荫、金德厚点校），中华书局1982年出版。

［宋］李廌：《德隅斋画品》，上海商务印书馆1939年出版丛书集成初编本。

［宋］李诫：《营造法式》，故宫博物院藏清初影宋抄本。

〔日〕成寻：《新校参天台五台山记》（王丽萍校点），上海古籍出版社2009年出版。

［宋］孟元老：《东京梦华录》（伊永文笺注），中华书局2006年出版。

［宋］袁褧：《枫窗小牍》，上海商务印书馆1939年丛书集成初编本。

［宋］曹勋：《松隐文集》，刘承幹1920年嘉业堂丛书本。

［宋］萧照绘画、曹勋赞语：《中兴瑞应图》，上海书画出版社2019年出版。

［宋］张守：《毗陵集》，上海商务印书馆1935年出版丛书集成初编本。

［宋］周必大：《周必大集校证》（王瑞来校证），上海古籍出版社2020年出版。

［宋］赵升：《朝野类要》（王瑞来点校），中华书局2007年出版。

［宋］高承：《事物纪原》，中华书局1989年出版。

［宋］李心传：《建炎以来系年要录》，中华书局1988年出版。

［宋］李心传：《建炎以来朝野杂记》，中华书局2000年点校本。

［宋］叶绍翁：《四朝闻见录》（沈锡麟等点校），中华书局1989年出版。

［宋］马远：《山水册页》，上海书画出版社2021年出版。

［宋］王应麟：《玉海》，江苏古籍出版社、上海书店1987年影印清光绪九年（1883）浙江书局本。

［宋］潜说友：《咸淳临安志》，江苏广陵古籍刻印社1986年影印清代振绮堂汪氏仿宋本。

［宋］吴自牧：《梦粱录》，杭州出版社2004年出版。

［宋］周密：《武林旧事》，杭州出版社2004年出版。

［宋］陈世崇：《随隐漫录》（孔凡礼点校），中华书局2010年出版。

［宋］张炎：《山中白云词》（吴则虞校辑），中华书局1983年出版。

［元］脱脱等：《宋史》，中华书局 1985 年点校本。

［元］王士点：《禁扁》，清康熙四十五年（1706）曹寅扬州诗局刊本。

［明］徐一夔：《始丰稿校注》（徐永恩校注），浙江古籍出版社 2008 年出版。

［明］田汝成：《西湖游览志》，上海古籍出版社 1998 年出版。

［明］毛晋：《二家宫词》，上海商务印书馆 1936 年出版丛书集成初编本。

［清］顾炎武：《历代宅京记》（于杰点校），中华书局 1984 年出版。

［清］释超乾：《凤凰山圣果寺志》，杭州出版社 2007 年出版。

［清］厉鹗：《南宋院画录》，上海人民美术出版社 1963 年出版《画史丛书》本。

［清］爱新觉罗·弘历：《御制诗集》，文渊阁四库全书。

［清］高晋：《南巡盛典》，文渊阁四库全书。

［清］顾嗣立：《元诗选·初集》，中华书局 1987 年出版。

［清］徐松：《唐两京城坊考》，上海商务印书馆 1936 年丛书集成初编本。

［清］徐松辑：《宋会要辑稿》（刘琳等校点本），上海古籍出版社 2014 年出版。

［清］孙家鼐等：《书经图说》，光绪三十一年（1905）内府刊本。

二、专 著

国家文物局主编:《中国名胜词典》,上海辞书出版社1981年出版。

梁思成:《营造法式注释》,中国建筑工业出版社1983年出版。

中国科学院自然科学史研究所:《中国古代建筑技术史》,科学出版社1985年出版。

梁从诚编:《林徽因文集·建筑卷》,百花文艺出版社1999年出版。

阙维民:《杭州城池暨西湖历史图说》,浙江人民出版社2000年出版。

台北故宫博物院编辑委员会:《宫室楼阁之美——界画特展》,台北故宫博物院2000年出版。

浙江大学中国古代书画研究中心:《宋画全集》,浙江大学出版社21世纪初陆续出版。

王贵祥:《东西方的建筑空间——传统中国与中世纪西方建筑的文化阐释》,百花文艺出版社2006年出版。

张劲:《两宋开封临安皇城宫苑研究》,齐鲁书社2008年出版。

郭黛姮:《中国古代建筑史》第三卷《宋、辽、金、西夏建筑》(第二版),中国建筑工业出版社2009年出版。

顾志兴主编:《江上自古多才俊——三江两岸历史人物》,杭州出版社2013年出版。

郭黛姮:《南宋建筑史》,上海古籍出版社2014年出版。

姜青青:《〈咸淳临安志〉宋版"京城四图"复原研究》,上海古籍出版社2015年出版。

杜正贤:《南宋都城临安研究——以考古为中心》,上海古籍出版社 2016 年出版。

〔美〕彭慧萍:《虚拟的殿堂——南宋画院之省舍职制与后世想象》,北京大学出版社 2018 年出版。

许力、韩天雍、邵群:《西湖摩崖萃珍一百品》,杭州出版社 2019 年出版。

傅伯星:《大宋楼台》,上海古籍出版社 2020 年出版。

杭州市住房保障和房产管理局编著:《90 前的杭州——民国〈杭州市街及西湖附近图〉初读》,浙江古籍出版社 2020 年出版。

卢英振:《操觚弄翰为用大——宋高宗书法人生》,杭州出版社 2021 年出版。

三、论 文

丘刚:《北宋东京皇宫沿革考略》,《史学月刊》1989 年第 4 期。

李合群:《北宋东京皇宫二城考略》,《中原文物》1996 年第 3 期。

中国社会科学院考古研究所西安唐城工作队:《唐大明宫含元殿遗址 1995—1996 年发掘报告》,《考古学报》1997 年第 3 期。

丘刚、董祥:《北宋东京皇城的初步勘探与试掘》,丘刚主编《开封考古发现与研究》,中州古籍出版社 1998 年出版。

傅熹年《宋赵佶〈瑞鹤图〉和它所表现的北宋汴梁宫城

正门宣德门》,傅熹年《中国古代建筑十论》,复旦大学出版社2004年出版。

端木泓:《圆明园新证——长春园蒨园考》,《故宫博物院院刊》2005年第5期。

陈高华:《绘画也是历史文献》,《光明日报》2013年11月16日第9版。

尹承:《北宋佚名〈景德四图·契丹使朝聘图〉考释》,《故宫博物院院刊》2015年第1期。

姜青青:《从长安到临安的流变——对南宋皇城特点和现象的再考察》,杭州文史研究会等编《江南忆,最忆是杭州》,杭州出版社2021年出版。

姜青青:《千步宫廊雪霁时——宋画中的宋宫印象》,杭州文史研究会等编《杭州文史》2021年第四辑,杭州出版社2022年出版。